為替のしくみが基礎からわかる本

€ ¥ $

青柳孝直 Takanao Aoyagi

SOGO HOREI PUBLISHING CO., LTD

はじめに

現在の日本において為替情報はごく一般的な情報となっています。ＴＶ画面では、円高だ、円安だと、ほぼ1時間間隔で世界の市場状況を伝えています。

ただ「円高・円安」という表現は、対米ドルで使われることが多く、対ユーロ、対ポンド、対豪ドルなどの他の外国通貨に対して使われる場合が極端に少ないのが実情です。つまり日本で使われる円高・円安という言い方は、一方的でかつ概念的であることになります。

日本の円は３６０円から始まっています。従って現状の1ドル＝１００円の時代は「円高の時代」とは言えます。しかし、例えば対ドルで１００円から１０５円になった場合を円安という言い方をします。この場合「5円の円安・ドル高」という言い方が正当なのです。

かようにして現在の日本では、付け焼刃で不確かな金融知識が蔓延しています。

金融市場の売買が電子化してから約10年。その間、金融界におけるIT技術の進歩は驚くべきものがあります。最近の金融市場では電子化の技術活用した「スピード&空間の短縮」競争に血眼になっています。いち早く〝市場のゆがみ〟に気付き到達する競争は、千分の一秒単位の〝ミリセカンド〟から、百万分の一秒単位である〝マイクロセカンド〟の世界を視野に入れています。

こうした電子化の普及により、世界の市場は〝人間の考える〟市場ではなく、あくまでコンピュータが弾き出す〝架空の世界＝CGの世界〟になり始めています。

外国為替業務は、文字通り外国通貨を扱うことから、銀行では行員を選抜し、銀行業の基本は勿論、英語力、為替市場のメカニズムを徹底して教育するシステムを採ってきました。

言ってみれば、外国為替業務に従事できたのは〝選ばれた行員〟だったのです。

ところが金融のグローバル化およびITが進捗する1998年頃から、まず銀行と証券・生損保の垣根がなくなり、証券・生損保が子会社形式で銀行を保有するようになってからは、原則自由の流れが爆発的に拡大していきました。

こうした原則自由の流れの延長線上に現在の為替の個人取引（外国為替証拠金取引）があります。要は全くの素人でも為替取引が可能だし、また外国為替取引を仲介する業者になることも可能になったわけです。

こうした諸環境の変化と共に、２００５年から3年ほど続いた円安・ドル高の流れが為替人気に拍車をかけることになりました。要は「円を売って他の通貨を買う」取引さえ続けていれば、ごく当たり前に儲かったのです。

書店では、20歳代のＯＬや30代の主婦の書いたノウハウ本が並び、タレントのブログでも為替取引が取り上げられ、人気を呼びました。こうした環境下で、日本の主婦軍団は、海外市場からミセス・ワタナベと揶揄されるようになりました。

ところが、２００７年後半からのサブプライム問題を発端にした急激なドル安局面で、大きな損失を受けるに至っています。

21世紀は金融新時代と言われています。しかし金融新時代になったからと言って、金融の根幹のシステムが変わるわけではありません。

ＩＴ化が驚異的に進捗し、個人投資家各人の責任により世界の全ての市場に参入できるようになってはいます。だからこそ、一般常識として市場の歴史や根幹のシステムを把握しておく必要があります。

本書は儲けるためのノウハウ本ではありません。金融市場の基本中の基本を理解して戴くための基本書です。金融市場の根幹のポイントをベースに、Ｑ＆Ａ形式で市場のシステムを易しく解説してあります。

現在は原則自由の時代。ただ自由の裏返しに個人の責任がついて回ります。

申し上げたいのは〝隗より始めよ〟ということです。

一旦原点に立ち戻り、金融市場を俯瞰した上、大嵐が吹き荒れる世界の市場に乗り込んでいって下さい。

2009年4月

青柳孝直

もくじ

第2章　為替相場の変動要因

第3章　円安・円高と日本経済

第4章　為替予約

第5章　市場介入

第6章　今後の円の動向

装　丁　冨澤崇（EBranch）
図表作成　横内俊彦

第1章　外国為替市場のしくみ

外国為替とは何か

日本の企業（輸出業者）がモノを作って輸出しても、外国通貨のままでは日本国内で使用はできません。日本国内で通用する円が必要になります。

そこで海外通貨を円に換える必要が出てきます。

例えばアメリカにモノを売って受け取ったドルは円に換える必要があるということです。

そこでドル売り・円買い取引（通常はドルをベースとして「ドル売り」と呼びます）が発生するわけです。

逆に海外からモノを買う企業（輸入業者）は、円を他の外国通貨に換えて海外に送金しなければなりません。

例えばアメリカからモノを買った場合、円売り・ドル買い（通常は「ドル買い」と呼びます）が発生するわけです。

国際間のモノの動きを中心に説明しましたが、モノや資本の移動のために生じる通貨の交換を外国為替（略して外為）取引と言うのです。

ポイント

このように為替取引は、「ドルを買う＝円が出ていく」「ドルを売る＝円が入ってくる」といった相対的な取引である。そしてドルを持っている（売らなければならない）状況を「ドルロング」、ドルが不足している（買わなければならない）状況を「ドルジョート」と呼ぶ。

通貨の交換のしくみ

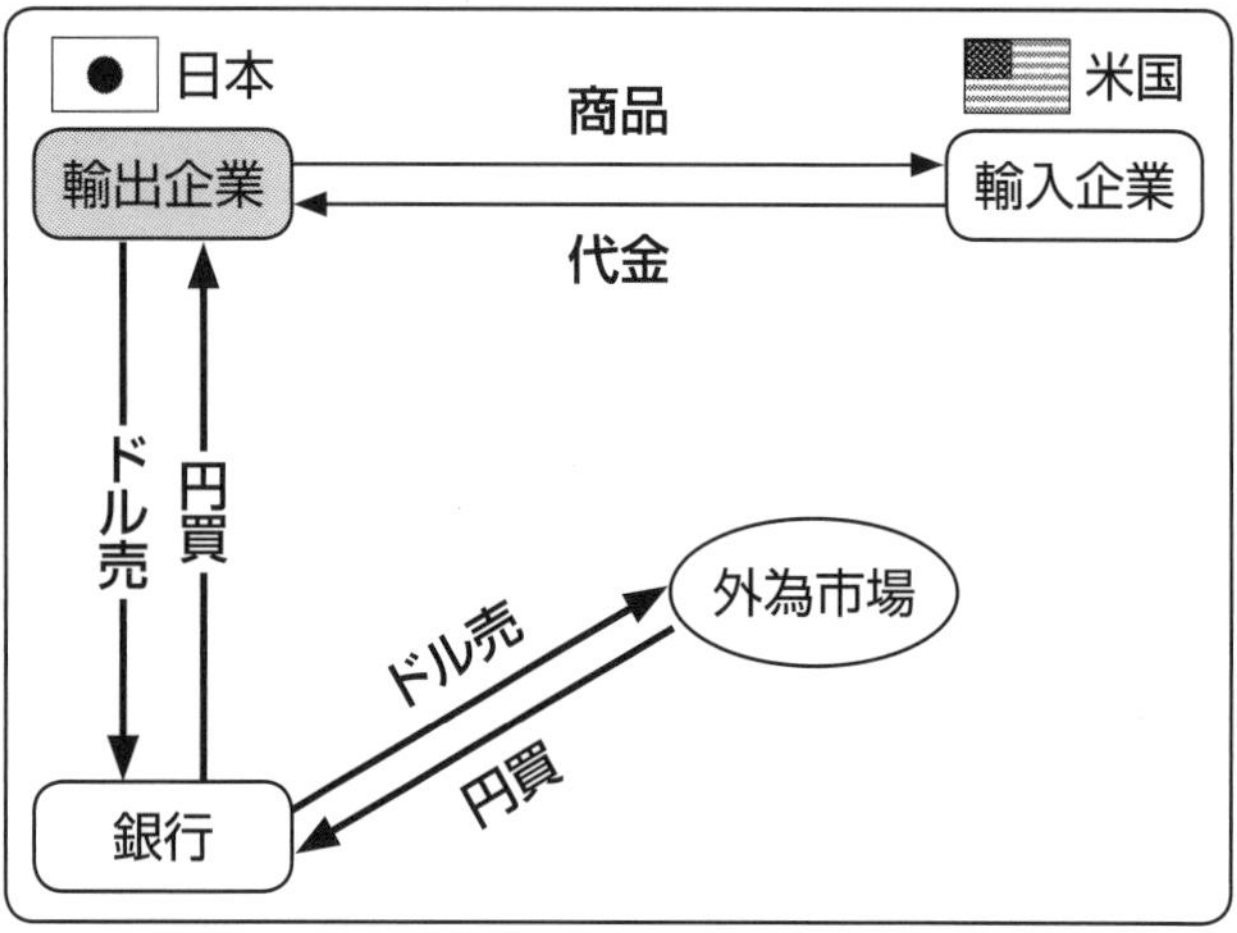
日本
米国
商品
輸出企業
輸入企業
代金
ドル売
円買
外為市場
ドル売
円買
銀行

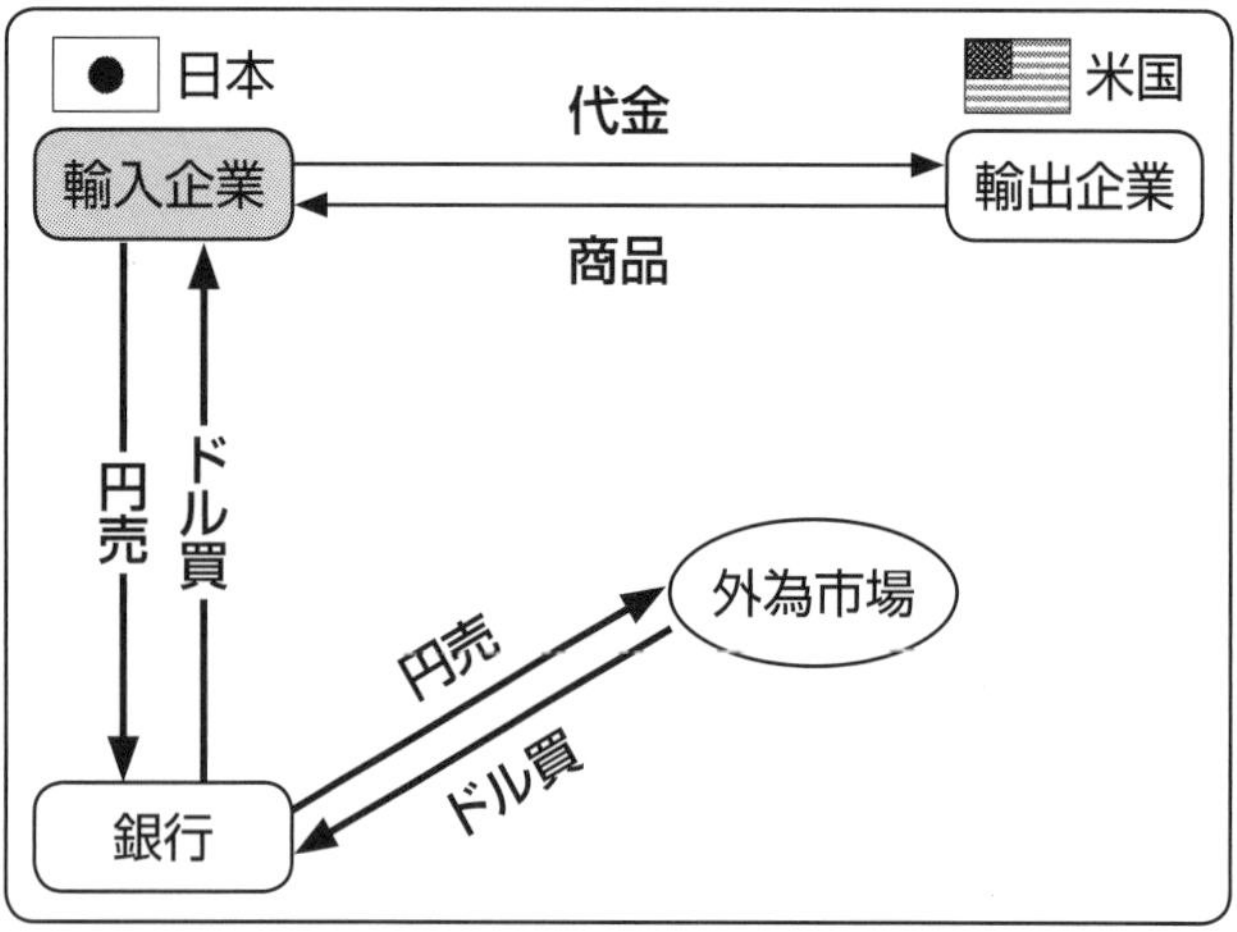
日本
米国
代金
輸入企業
輸出企業
商品
円売
ドル買
外為市場
円売
ドル買
銀行

Q&A

Q：為替と言えば、日本国内には「内国為替取引」と呼ばれる取引がありますが……。

A：確かに内国為替もモノの移動や資本の移動のために必然的に発生したものですが、円だけをベースにした国内送金や為替小切手に関する内国為替取引と、外国為替とは大きな違いがあります。

Q：その大きな違いは何ですか。

A：世界各国が国によって使う通貨が異なるのはご存じの通りです。従って、最終的なモノの売買の決済のために、通貨の交換をしなければなりません。例えば日本の企業を例にとってみれば、最終的に日本国内で通用する円に交換する必要があるわけですから、「円と他の通貨の交換」が大きな問題となってくるわけです。

Q：その通貨の交換をする場所が外国為替市場ということなのですね。

A：その通りです。日本はアメリカだけでなく、欧州・豪州・ロシア・中国など世界各国と貿易や資本取引をしていますから、そのすべての相手国の通貨と円を交換する必要があるわけです。

Q：それでは、例えば21世紀に入って一大勢力となり始めたユーロと円を交換する場所も為替市場であるというわけですね。

A：その通りです。ユーロばかりでなく英ポンド、スイスフランなどでも、円の交換が行われているのです。市場のない通貨はないと言えます。ただ唯一の例外が中国の通貨・元なのです。表面的には元市場は存在してはいますが、実際には市場として機能していません。

Q：しかし単純に考えてみれば、日本で作ったモノの代金を円でもらえれば、交換する必要はないと思うのですが。

A：全くその通りです。実際にモノが動く前の段階で支払い通貨が決定されるわけですから、円ベースの取引が推進される努力があってしかるべきなのですが、日本の場合はどうしてもドルベースの貿易が主体になっているのが現状です。現在のところ、海外からモノを輸入した場合、海外の企業でその代金を円で受け取ってもいいという企業は、全体の10％にも満たないのが現状です。

Q：この決済通貨を何にするかについても今後の課題で、円ベースの輸出取引を積極的に推進する必要があるわけですね。

A：先進7ヵ国の一角を担ってきた日本ですが、残念ながら日本の円主導型の貿易体制になるのはまず不可能と考えるのが妥当なようです。

外国為替取引はどこで行われているか

最近のテレビ・新聞等、マスコミの為替に関する報道が多くなってきていることから、「通貨の交換が外国為替市場で行われている」ということについてはご存じだと思います。

但し、外国為替市場の実体については依然として知られていないのが現状です。

この「市場」という言い方から、一般的には証券取引所や青果市場のように「建物」があるかのような見方をされることが多いのですが、為替市場にはそのような特定の取引所があるわけではありません。外為市場とは単なる「電話回線」だけの世界なのです。

最近ではコンピュータを介在した銀行間の直接取引が主流となってきましたが、為替ブローカーという仲介会社が介在して、単に電話回線で繋がっているだけの世界なのです。

為替相場が荒れた時にはテレビ画面に〝さもそれらしき〟風景が出されますが、大概は銀行と銀行の間を取り持つ為替ブローカーのブローキング風景なのです。

最近では個人投資家の参入、特に日本では若いＯＬや主婦層の進出が世界的に有名になってきていますが、結局はＰＣや電話回線などといった（目に見えない）バーチャルの世界の中での動きなのです。

ポイント

東京証券取引所のイメージから東京外為市場という建物が実存するかのような見方をされることが多いが、外為市場は単なる電話回線だけの世界である。最近のコンピュータの発達により、テレビゲームのような「画面だけ」の世界になりつつあるのが実態である。

外為市場の実際

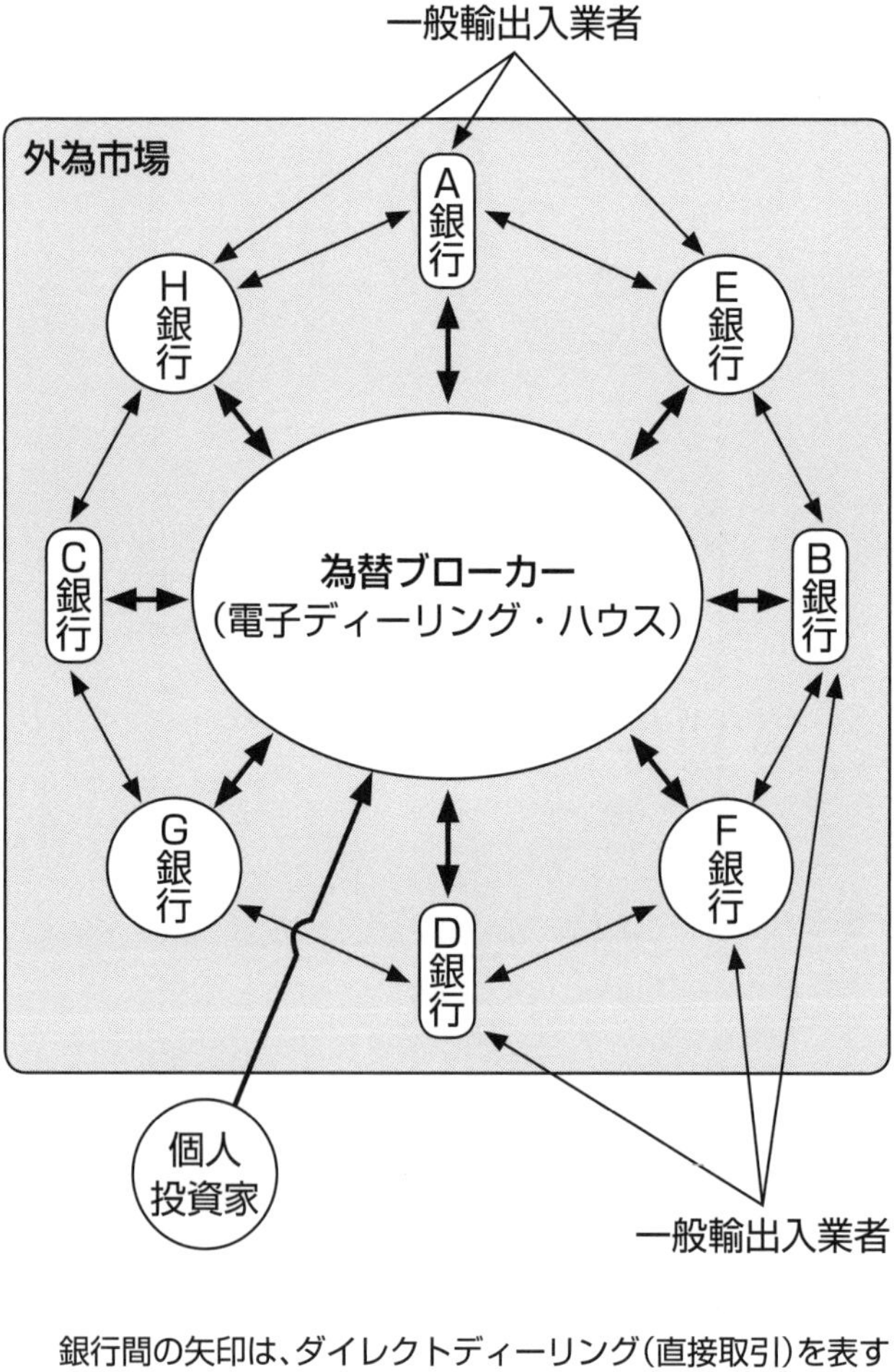

銀行間の矢印は、ダイレクトディーリング（直接取引）を表す

Q&A

Q：一時テレビでよく、「東京外為市場から中継します」といったコメントがなされました。そしてどこかは分からないのですけれども「(成立した取引の)伝票を飛ばす風景」がいかにも市場らしいように映ったのですが。

A：確かにそういった言い方がされていましたし、あの伝票飛ばし風景がいかにも「経済最前線」のようにも見えます。しかしあの言い方は間違いです。外為市場とは言っても為替市場は実体がありませんから、「××銀行のディーリングルームから」とか「××ブローカーから」の中継という言い方が正解です。最近ようやくマスコミもそのような言い方をするようになってきています。

Q：あの伝票飛ばし風景は市場の一部ということですね。

A：確かに市場の一部には間違いありません。しかし最近の市場は、コンピュータの発達により市場そのものが〝画面だけの世界〟になりつつあるのも事実です。従来の為替ブローカーが介在しての、「人間の声」を通しての取引（Voice Broking）は間違いが多かったという経緯もあるのです。

Q：それでは今後の為替市場は単なる画面だけの世界になる可能性もあるということですか。

A：その可能性は大いにあると言えます。特に相場が荒れた時などには『目で確認する」ことがミスを防ぐためには最良のしくみの方法と思われるからです。これは為替の世界だけではないのでしょうが、金融界は益々コンピュータ化が進んでいくと思われます。

Q：もうひとつ解らないことがあるのです。テレビではよく「本日の東京外為市場の終値は×××」と発表されるのですが、あの言い方は正しいのですか。

A：正確に言えば正しくありません。現在の世界の市場には市場自体が「何時に始まって」「何時に終わる」かは限定されていないのですから、「気配値」はあっても正確な成立値段は〝推定〟するしかないのです。

Q：今までもそうだったのですか。

A：20世紀後半まで日本銀行から終値が発表されていました。それが可能であったのは、東京外為市場は午前は9時から12時まで、午後は1時半から3時半までと取引時間が決められていましたから、成立値段はある程度把握できました。しかしその取引時間を決めること自体が世界の市場の趨勢から乖離しているということで撤廃されました。それ以降は発表される終値はあくまで気配値でしかないのです。

銀行の為替業務システム

1998会計年度から外為法が大々的に改正され、「外為市場に直接参入できるのは銀行だけ」という「(日本独特の) 為銀主義」が撤廃されました。それまでは外為市場に直接参入できるのは銀行だけとなっていましたが、現在では個人も自由に参入できます。

参考程度に、従来の銀行の為替業務システムについて説明してみます。

各銀行の事情にもよりますが、セクションの大小はあれ、銀行の為替業務は大まかに「フロント」、「ミドル」、「バック」の三つに分かれます。

この基本的なシステムは古今東西、大きな変化はありません。要は、個人であれ、企業であれ、為替取引をするには、そうした機能を具備していなければならないことになります。

「フロント」…実際に為替ディーリングをするセクション。

「ミドル」…フロントが規定通りにやっているかをチェックするセクション。
「バック」…ディーリング関係の事務処理を行うセクション。
そして「フロント」はＰ26の図のように分かれます。

ポイント

21世紀に入っての日本では、グローバル化の進捗、金融機関の統合による三大メガバンク化したことで、為替業務を行う、現実には〝行うことができる〟金融機関が激減しているのが実情である。それに呼応して増大してきたのが個人投資家の為替取引と言える。

銀行の為替業務システム

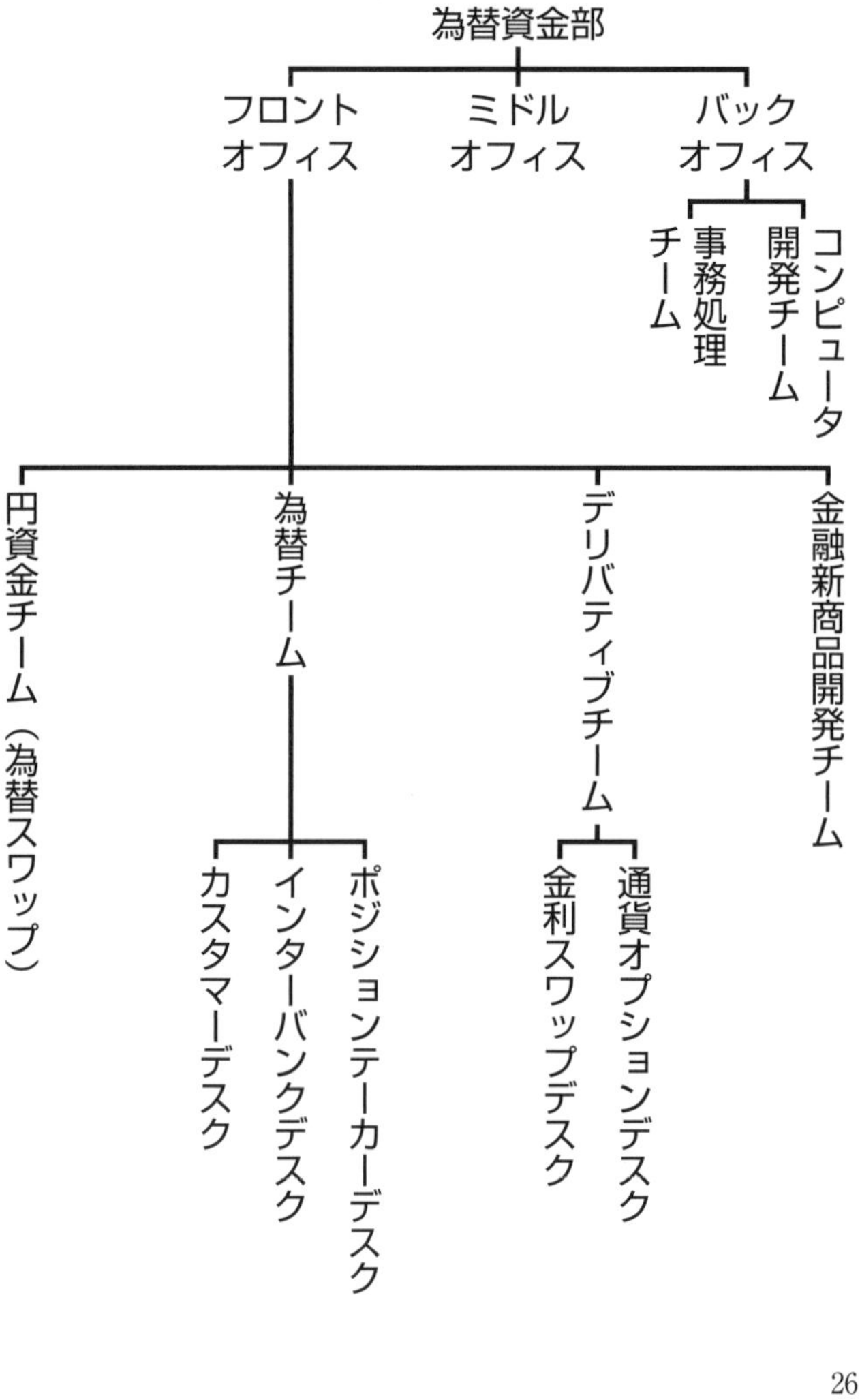

Q&A

Q：銀行の為替担当者、いわゆる為替ディーラーが「蝶よ花よ」ともてはやされた時期がありましたが……。

A：確かに１９８０年代はそのような傾向にありました。日本の銀行から在日外銀に、多数の為替ディーラーが高額の給料で引き抜かれるといったことも頻繁に行われましたが、現在の為替ディーラーという職種は〝不況業種〟であると言えます。

Q：何故そうなったのですか。

A：これは為替の世界ばかりでなく、バブル期を中心にして１９８０年代の日本の金融市場は飛躍的に拡大しました。外為市場もニューヨーク、ロンドン市場に追いつけ追い越せの「イケイケ」の時代で、海外の銀行も多数日本に進出しましたから必然的に優秀な多くの為替ディーラーが必要であったわけです。

Q：それが1990年代に入るとバブルが一挙に弾け、金融機関の不良債権が問題となってきました。

A：その通りです。その後の日本の金融界がどのようになってきたかはご存じの通りで、結果として不良債権問題を解決することが大きな命題となり、国際関係業務は縮小する傾向になってきました。また銀行の日本国内における為替業務の大きな顧客であった、生保・商社・証券の為替業務の縮小も銀行の為替業務の縮小に拍車をかけたと言えます。

Q：ところで「ミドルオフィス」というセクションはあまり聞き慣れないのですが……。

A：このミドルオフィスという考え方はグローバル化が言われ始めた頃に出てきた考え方です。1980年代後半から、金融機関での大きな為替差損事件が表面化しました。それぞれに事情があるにしろ結局は「決められたルールを守らない」ことが最大の原因だったわけです。今後そのようなことを起こさないための金融機関の自衛手段と言えます。

Q：現状ではどのくらいの規模の相場を張るのですか。

A：「相場を張る」ことを業界用語で「ポジションを持つ」と言いますが、一般的に言ってポジション枠は縮小傾向にあります。
現状の外為市場は、「人間の躊躇する心」を排除すべく、コンピュータ中心の世界となっています。最近ではPCが入ってくる情報に瞬時に反応し、自動発注するシステムも出来上がっています。バブル時期ではひとりのスーパースターが1億ドル超を頻繁に動かすこともザラだったことを考えれば、隔世の感があります。

「人間からＰＣへの世界へ」。これが現在の（金融工学をベースにした）為替市場の姿かもしれません。

世界の為替市場

為替の世界は文字通り、365日・24時間動いています。

一般的に考えれば「土曜日・日曜日も市場は開いているのか?」といった単純な疑問も浮かびます。

開いている場所もあるにはあります。バーレーン市場がそれです。宗教上の事情からバーレーン市場が休場するのは毎週金曜日となっています。市場規模は極端に小さいとは言え、この点についてはあまり知られてはいません。

世界の主要市場と言えば、まずニューヨーク、そしてロンドンが挙げられます。バブル時期の東京市場はこの二大市場に肉薄しましたが、「今は昔」の話となってしまいました。

東京市場が没落した最大の原因は〝護送船団方式〟をベースとした、日本の金融当局の徹底した規制が原因と言えます。

「リスク管理は各銀行の責任」とする世界の趨勢を無視したスタンスを取り続けまし

た。そしてこの規制は日本の銀行だけでなく、在日外銀にも適用されましたから東京市場から在日外銀の撤退が相次ぐことになったわけです。

ポイント

東京外為市場の没落は、1990年以降、目にあまるものがある。これはバブル崩壊と共に都市銀行を中心に、金融機関の整理・統合が頻繁に行われ、市場参加者が激減した。また「為替予約の延長」という「損隠し」が世界的な問題となり、膨大な含み損が実現損となって次々と露呈したことも東京外為市場の没落に拍車をかけたと言える。

外為市場の取引時間

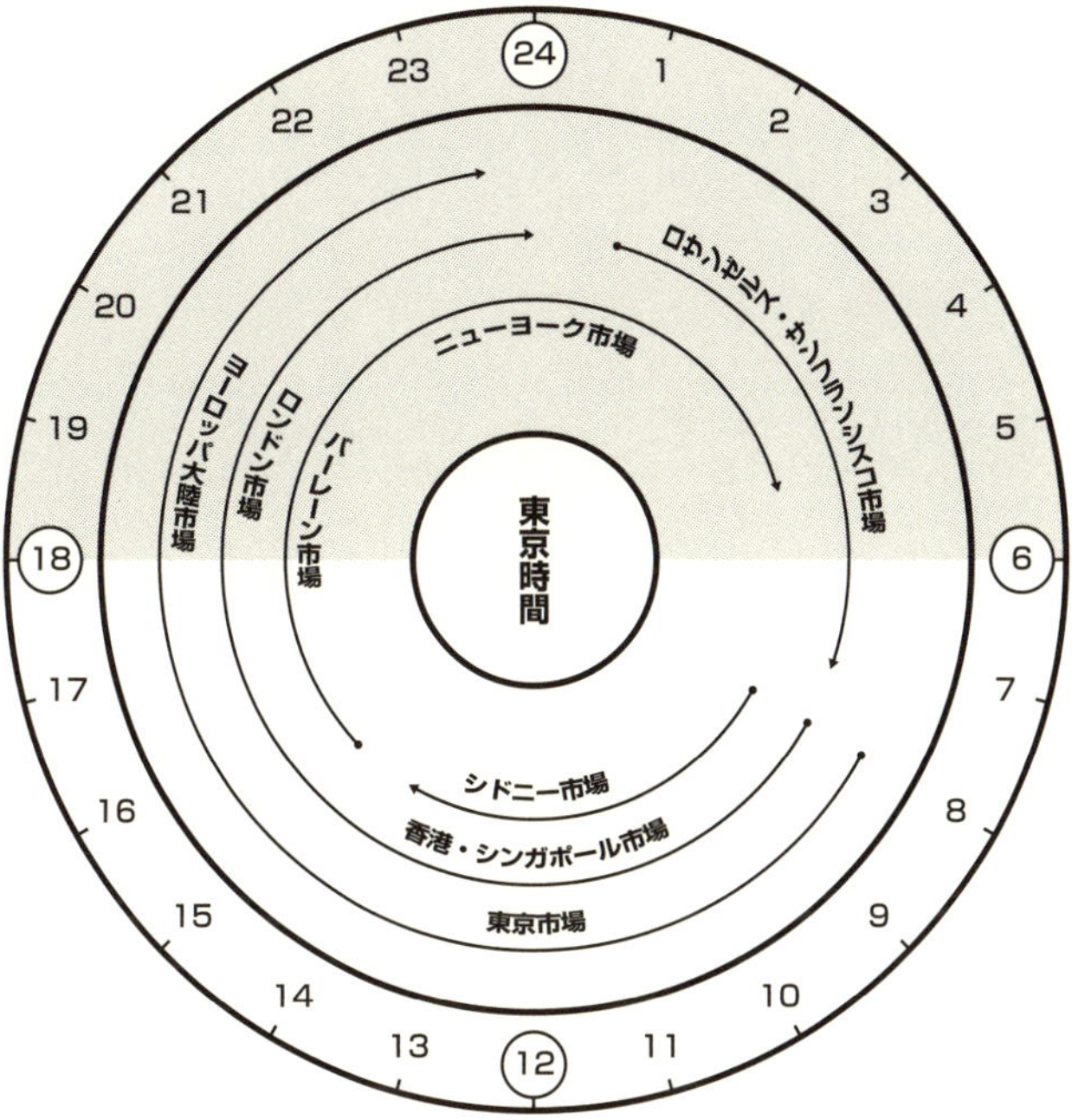
24
1
2
3
4
5
6
7
8
9
10
11
12
13
14
15
16
17
18
19
20
21
22
23
東京時間
ロサンゼルス・サンフランシスコ市場
ニューヨーク市場
ヨーロッパ大陸市場
ロンドン市場
バーレーン市場
シドニー市場
香港・シンガポール市場
東京市場

Q&A

Q：東京外為市場は依然として世界の三大市場と言われていると聞きましたが。

A：確かにそのような時期もあるにはありました。特にバブル時期がそうでした。しかし現在の東京には往時の勢いはありません。

Q：大きな原因は何ですか。

A：一時は世界に名を馳せた日本の生保・商社の、為替市場からの実質的な撤退や、規模の縮小が大きな原因です。つまりバブル時期には、株式の含み益を背景として世界の為替相場を大きく動かしました。バブル時期には日本の生保・商社は英語に訳されることなく「セイホ」「ショウシャ」として世界の市場から惚れられていました。

Q：ここにも株式の下落が大きく影響しているのですね。

A：確かに大きいと言えます。当時の日本の銀行や在日外銀も、大量の資金を動かす生保や商社についていけばそれなりの利益が上げられましたから、銀行の国際部門の拡大や海外への積極的な進出も行われたわけです。

Q：結局生保や商社が為替取引を活発にやらなくなった結果、銀行自体も規模の縮小をせざるを得なくなってきたということですね。

A：その通りです。結局日本の銀行の為替ディーリングスタイルは「人のふんどしで相撲を取る」ということだったわけです。

Q：ところで「予約の延長」が「損隠しの温床であった」とは具体的にどういう意味なのですか。

Ａ：為替予約及び為替予約の延長のメカニズムは第４章を参照してもらうとして、簡単に言えば「為替の損失金額を新規貸し出しとして顧客に貸し付ける」ことを堂々と行ってきたわけなのです。しかもその新規貸し出しは、貸借対照表などに表面的に出ることがなかったわけです。

Ｑ：そのようなメカニズムが世界の市場から批判されたわけですね。

Ａ：日本の金融機関はそのような批判の中で、バブル時期の不良債権が表面化する１９９０年代前半からようやく重い腰を上げたというわけです。その結果が膨大な為替差損が次々と表面化していったというわけです。

Ｑ：為替市場においてもバブル時代のツケが重くのしかかっているのですね。

Ａ：その通りで、現在の東京市場は、シンガポール・香港の急追を受け、アジアの盟主の座も奪われそうな気配となっています。

どうしてドルが中心となっているか

基軸通貨とは世界中のあらゆる国で通用する通貨のことを言います。

経済力・天然資源・軍事力などあらゆる面で信用の裏付けがなければ基軸通貨にはなれません。第二次世界大戦までは英・ポンドが世界の基軸通貨となっていましたが、第二次大戦以降は米・ドルが基軸通貨となってきました。

21世紀に入ってユーロの台頭が目立ってはいますが、世界の通貨交換の中心には依然としてドルが君臨しているのが現状です。

例えば円からユーロに交換する場合、システム的には、
「円売り・ドル買い＝円がなくなってドルが残る」
「ドル売り・ユーロ買い＝ドルがなくなってユーロが残る」
といった取引になりますが、このようにドルを中心にして違う二つの通貨を交換す

ることを「クロス取引」と呼びます。

ポイント

今後の世界経済は米・ドルを中心にして、ユーロ、中国・元の三通貨が主体になると思われる。世界の為替市場の1日の取引高は1兆2000億ドルと言われているが、その中で円絡みの取引は、約10%の1200億ドル。現状で一番取引の多いのがドルとユーロに関する取引で全体の70%以上を占める。

クロス取引とは？

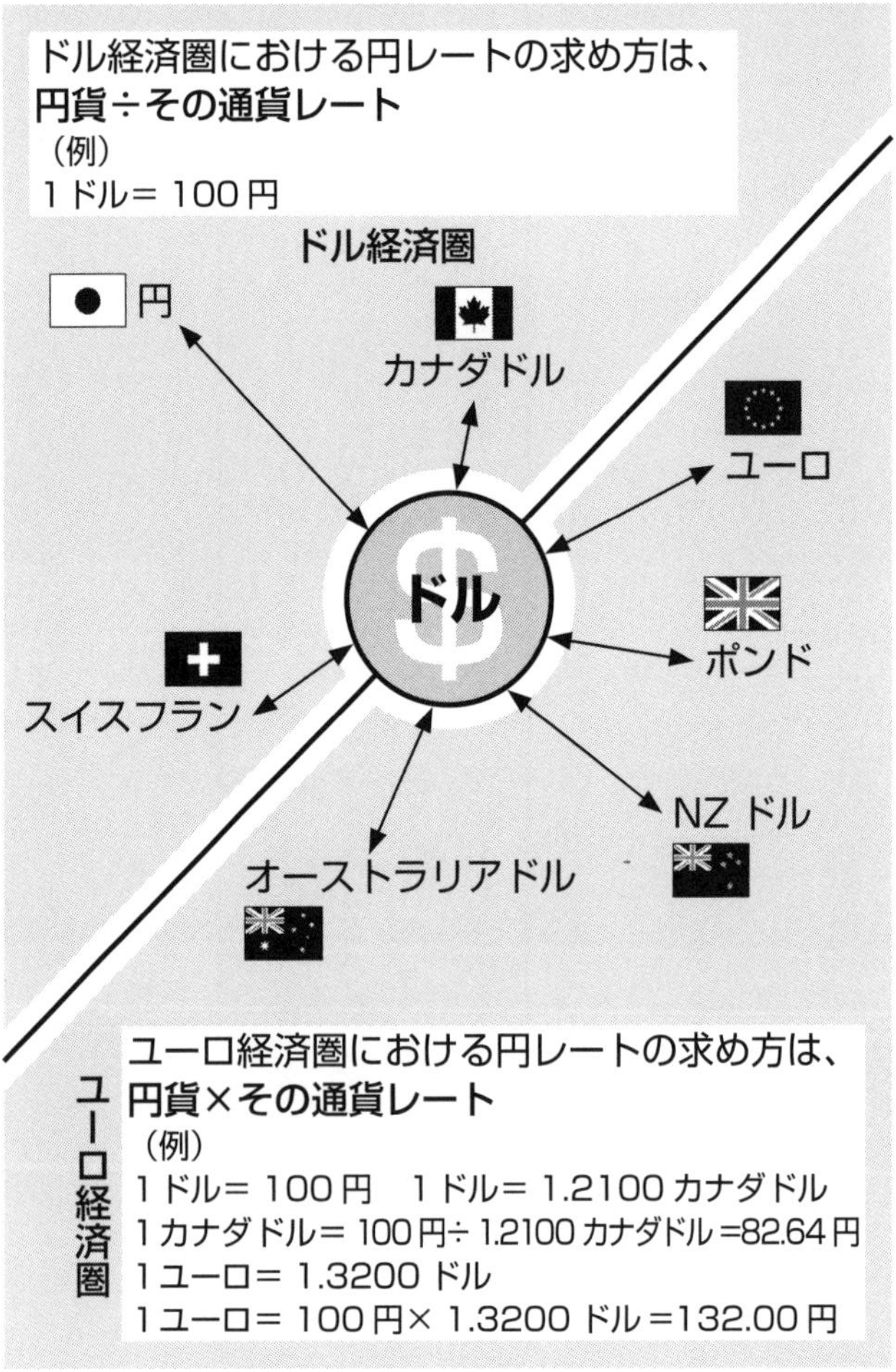
ドル経済圏における円レートの求め方は、
円貨÷その通貨レート
（例）
1 ドル= 100 円
ドル経済圏
円
カナダドル
ユーロ
ドル
ポンド
スイスフラン
NZ ドル
オーストラリアドル
ユーロ経済圏
ユーロ経済圏における円レートの求め方は、
円貨×その通貨レート
（例）
1 ドル= 100 円　1 ドル= 1.2100 カナダドル
1 カナダドル= 100 円÷ 1.2100 カナダドル =82.64 円
1 ユーロ= 1.3200 ドル
1 ユーロ= 100 円× 1.3200 ドル =132.00 円

Q&A

Q：基軸通貨の意味は分かりましたが、世界の為替取引の中で円の占める割合がそんなに低いとは思いませんでした。

A：その点が日本の大きな錯覚なのです。日本の円という通貨は取引高といい、流通性といい、決して国際的であるとは言えません。世界の経済状況を考えれば、極東の片田舎のドメスティックな通貨に逆戻りする可能性も大きいと言えます。

Q：「基軸通貨がアメリカ・ドル」という体制は今後も続きそうですか。

A：21世紀に入ってユーロの台頭が目立っています。現状のアメリカドルに代わる強い通貨、言い方を変えればアメリカより全ての面で優る国は、単独の国ではなり難く、その意味でもユーロの動向が注目されています。

Q：中国はどうですか。

A：確かに21世紀における中国の存在は大きいし中国の通貨である「元」は将来的には基軸通貨になる可能性はなくもないのですが、そのためには相当の時間がかかると思われます。通貨の面から見た場合、米ドルとユーロの二極体制となると考えるのが妥当でしょう。

Q：それでは1995年4月19日に円が79・75円をつけ、「世界最強の通貨」と言われましたが、あれはどう解釈していったらいいのですか。最強とは基軸通貨になるという意味だと思うのですが。

A：確かに円が強くなったのは事実ですが、円が強くなるということと、基軸通貨になることは意味が異なるのです。1985年からの一連の円高局面は制裁の意味が強かったのです。このあたりについて後で詳しく説明しますが、要するに日本は国土は小さいし、資源も少ない。ご存じのように石油や食料は海外に頼っているのが現状だし、また国際紛争に巻き込まれれば、建前上は軍事力を具備していない日本は、一国では生きていけない。つまり基軸通貨にはなり得ないということです。

Q：世界の通貨の中で、ユーロの存在が大きくなってきたのはどうしてですか。

A：20世紀の最終勝利者になったのは米国でした。しかし2007年以降のサブプライム問題を発端にした金融恐慌を経て、米国に対する不信感が広まっています。世界が米国型金融工学に追随するリスクを認識し始めた、ということです。

固定相場と変動相場

金本位制という制度は、金（GOLD）を裏付けとして、加盟国が「為替平価」を設けて、その上下1％以内に為替の変動幅を止める義務を課していた制度のことで、この制度のもとでは為替は完全な固定相場であったと言えます。

このような固定相場の制度を「ブレトンウッズ体制」と呼んでいますが、第二次大戦後には各国の経済に力の差が出てくるようになりこの体制が崩れるようになってきたのです。

そしてこの安定的な固定相場が完全に崩れるのは、アメリカがドルと金の交換を停止する1971年からで、アメリカは「新経済政策」の中で、外国の政府や中央銀行がドルを持ってきても、アメリカが保有している金やその他の準備資産（ドル以外の通貨など）を交換しないと宣言したのです。

この一連の動きは、当時の米大統領リチャード・ニクソンにちなんで、「ニクソンショック」と呼ばれるわけです。

ポイント

昨今、金本位制復活に関する論議が盛んである。それは21世紀の世界経済がアメリカ・欧州連合・中国の三極経済になると言われており、しかも中国がその建国以来から「金志向」の国と言われるからである。もし金本位制もしくは準金本位制が実施されれば、現在の先進国の中で金の保有量が最も少ない日本の影響が一番大きい。

Q&A

Q：なぜ金本位制復活論議が盛んなのですか。

A：21世紀の世界経済を考える中で、世界で一番人口の多い中国をはずすわけにはいきません。そして中国はその建国以来金志向の国家であることが知られています。中国側の考え方に立ってみれば、いざ何かの紛争が勃発してアメリカが中国に対して経済封鎖をした場合、「ドルという紙幣」は何の価値もなくなります。確かに現在の中国はアメリカを抜きにしては何もできませんが、2008年の北京五輪以降、中国が世界経済の一端を担う態勢になっており、金ベースの取引を提唱してくる可能性は否定できません。
表面的には世界最大の金の保有国であるアメリカにしてみれば、中国に先手を打たれる前にスムーズに金本位制に移行していった方が有利なわけです。このあたりの考え方は欧州も同様であると思われます。

最近の米国アジア外交は、中国を最大の相手国としているのはご存じの通りです。

Q：ではいざ金本位制に移行した場合、日本はどうなるのでしょうか。

A：先進国の中で一番困るのは日本ということになります。理由は簡単で、アメリカに頼り切ってきた日本は、ドル資産を増やすことしか考えてこなかったわけです。そして金の保有量も世界の先進国に比較して極端に少ない（世界の先進国の中で最小）わけですから、いざそうなった場合、１ドル＝２００円とか３００円の世界になってしまうでしょう。

Q：このあたりの考え方は今後の資産運用に関してヒントになりそうですね。

A：確かに大きなヒントになると思います。短期的に大きな効果は望めないにしても長期的に見た場合、金の現物つまり金の地金を持っていることは財産として大きな効果を持つことになるかもしれません。かつて日本の大物政治家が隠し金庫に大量の金をしまっていたということも話題になりました。

Q：為替と金がこのように密接な関係にあるとは知りませんでした。

A：このあたりの論点は意外に知られていません。しかし今後の世界経済に中国が大々的に登場してくる以上、これまで以上に金の動きには注目していかねばならないでしょう。特にドル建て金の動きは要注意と言えます。とにかく21世紀の金融界においては、金はキーポイントとなると思われます。

欧州通貨ユーロ発足以前の「ユーロ円」と「ユーロドル」の意味

21世紀に入り急激に拡大してきた欧州統合通貨・ユーロですが、ユーロを理解するために、1997年の発足以前の「ユーロ円」「ユーロドル」の意味について述べてみたいと思います。

ご推察の通り、ユーロの語源はEUROPEからきています。「ユーロ円」とは本来、日本国外、特にロンドンを中心とした欧州にある円のことを言いました。

「ユーロ円」の原資はその大半が石油代金でした。ご存じのように日本は、石油のほとんど全てを輸入に頼っています。

通常その代金はドルで支払うのが普通ですが、石油の産出国である中近東の各国が、ドルでなく円でその代金を受け取る場合があります。

この円をロンドンを中心とした欧州の銀行の口座に円のままで滞留し、そのうちその金額が膨大となり、必要な国に貸し出しをする市場が出来上がりました。ユーロ円市場の動向が、日本の金融市場に与える影響も少なくなかったと言えます。

「ユーロドル」についても全く同じことが言えます。

アメリカが主として中近東各国に対して石油代金として支払ったドルがロンドンを中心とした欧州に滞留し、そのドルを貸し出す市場が出来上がったのです。

ポイント

ユーロ円にしてもユーロドルにしても、日本政府やアメリカ政府の管理不可能な資金と言える。実体的にどのくらいの規模の金額が滞留しているかは正確には分かっていないが、その動向が日本やアメリカの金融政策をも脅かす存在であるのは今も昔も同じである。

ユーロ市場とは

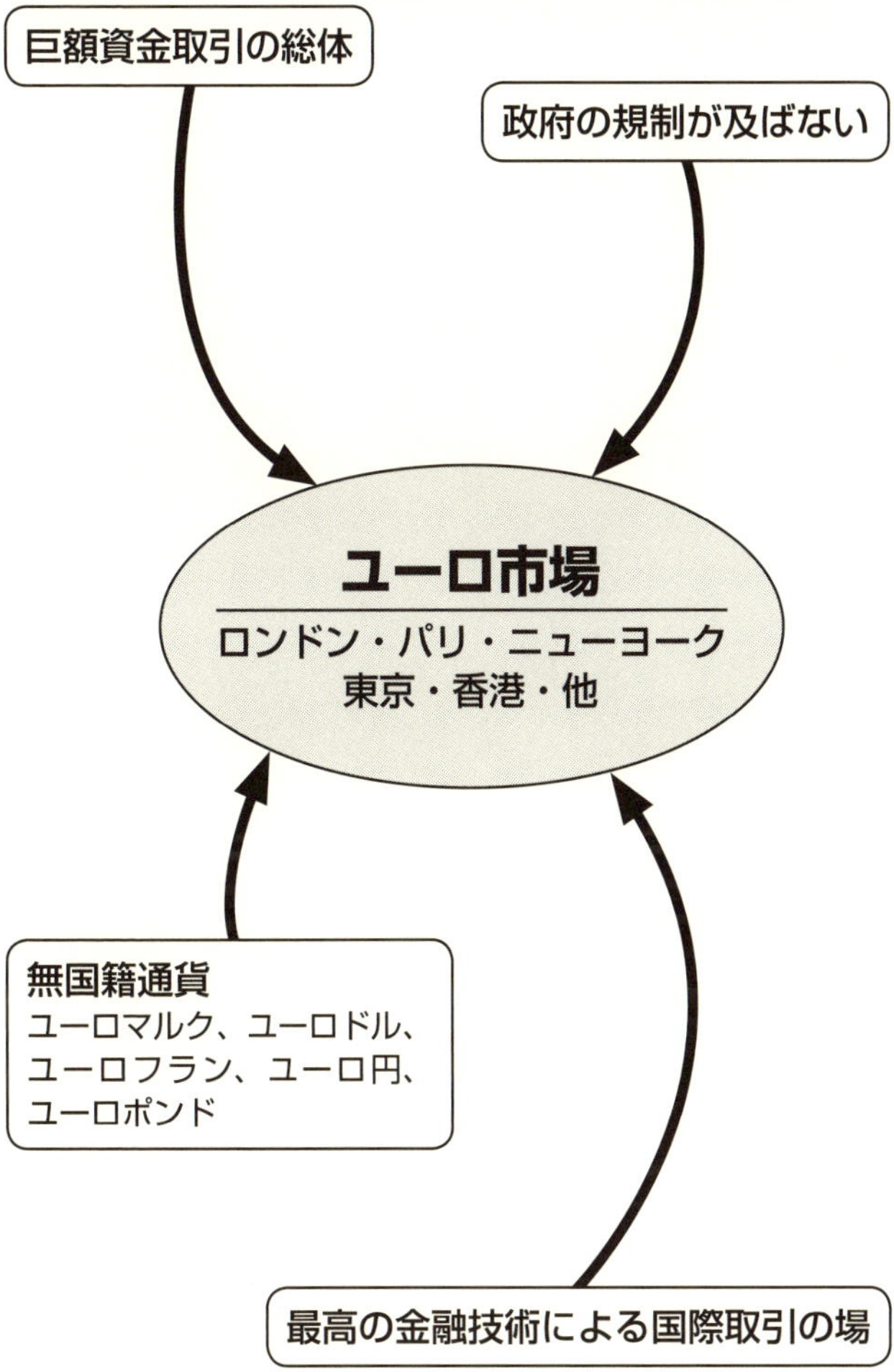
巨額資金取引の総体
政府の規制が及ばない
ユーロ市場
ロンドン・パリ・ニューヨーク
東京・香港・他
無国籍通貨
ユーロマルク、ユーロドル、
ユーロフラン、ユーロ円、
ユーロポンド
最高の金融技術による国際取引の場

Q&A

Q：欧州ということはスイスも含まれているということですね。

A：その通りで、ご存じのようにスイスは「秘密口座の国」。従って中近東の石油代金が、ドルにしろ円にしろ大量に眠っていることも考えられます。確かに市場としてはロンドンが中心となっていますが、その原資がどの国のどこの口座に眠っているかは不明なのが実態です。

Q：日本の円金利が海外の市場動向に左右されるのは奇妙な気もしますが。

A：確かに金融当局がコントロールできない自国通貨があるというのは奇妙な話ですが、しかしそれが実態なのです。

Q：この「ユーロ円」「ユーロドル」は他の通貨に交換されることはないのですか。

A：当然ながらあります。特に現在のようにほぼゼロ金利の円に関しては、円資産の運用は妙味がないわけですから、金利の高い通貨に交換してしまえばいいわけです。突如として中近東筋の「円売り・他通貨買い」が入り易い地合いと言えます。

Q：そうすると、為替の変動要因として（欧州に滞留する）ユーロ円の動向も要チェックということになりますね。

A：確かにそうです。2008年の歴史的な原油高騰も一段落しましたが、株価動向をも左右する中近東筋の大きな資金力は無視できません。

Q：世界の市場で、日本が関係しないままいじられている……。

Ａ：東京市場関係者が知らないうちに上下動して、後で原因が分かるといったパターンはよくあります。そのような動きを事前に察知するのは不可能に近い状態です。これまでは円絡みの為替取引での乱高下は世界のヘッジファンドが動く時が多かったのですが、「(一連の)意味不明の動きは事前に察知できない」といったところが実情です。

コラム①――日本版ビッグバンの結末

1997年5月の「新外国為替管理法の成立」を発端とする、日本版ビッグバン（金融大改革）が始まってから10年超が経過した。

改革の根本目標は明確だった。東京金融市場を、市場原理が働く自由市場（フリー）、透明で信頼できる市場（フェア）、国際的で時代を先取りする市場（グローバル）にする。確かに掛け声だけは新時代にマッチしていた。

とりあえずの目標としては2001年に東京をニューヨーク、ロンドン市場並みにすることだった。諸般のマスコミもこぞって同調、大々的に喧伝した。世界の債権国・日本の立場は揺るぎないと。ところが欧米に追いつくどころか、差は広がっている。

確かにここ10年で、「自由な市場の考え方に基づく制度作り」は進んだ。株式売買手数料を自由化し、銀行の窓販も解禁、金融商品への時価会計の導入も進んだ。

ただここ10年の動きで明確だったのは、日本の金融機関が従来からの考え方から脱し切れず、世界の金融市場の動きに追随して、時代を先取りする気概に欠けていた点である。

日本の銀行は海外においても日本企業との取引に力を入れ、急成長する外国企業との取引はリスクが高いと慎重だった。デリバティブ（金融派生商品）など、IT時代に即した先進的な取引についても同じ論理の展開だった。

かくして、上場企業の時価総額で東京証券取引所は他のアジアの取引所合計に抜かれた。進出している外国金融機関数においても、銀行は東京の69に対して、シンガポールは103。外国証券もシンガポールの方が上。アジア金融センターの地位は、名目的にも実質的にもシンガポールに奪われている。

こうした環境下で、日本はグローバルな経済とマネーの流れの〝蚊帳の外〟になりつつある。それに伴って円は、世界の主要通貨の地位から脱落する格好となっている。

第2章　為替相場の変動要因

米国と為替相場

現在の世界経済の中で、経済力・天然資源・軍事力の総合的な「国の力関係」の中で、アメリカの通貨・ドルが必然的に基軸通貨となっていることはお解り戴けたと思います。

世界の通貨は基軸通貨ドルの動きに従って動くことになります。言ってみれば「太陽と惑星の関係」と言えるかもしれません。

つまり、太陽に少しでも陰りが見えれば、たちどころに惑星に影響します。P60の図に示したのはアメリカの主要経済指標です。

世界の為替市場は、このような指標に大きく影響されます。

但し第二次大戦前の基軸通貨・英・ポンドは、対ドルとの交換比率でなく、ポンドを中心にした交換比率で表します。

この様式はイギリスのかつての植民地であった豪州の通貨オーストラリア・ドル、NZドルも同様の形式となっています。

ポイント

世界の為替市場は、米国の経済指標に大きく左右される。特に米経済の対外動向を示す貿易収支や、産業の労働需要を示す雇用統計、生活動向を示す消費者物価指数・卸売物価指数などが注目される。それに対して英・ポンドは、今も昔も米経済指標にあまり左右されることのない特異な通貨と言える。

米国の主な経済・金融指標

指標名	周期	発表機関	内容
ＧＤＰ統計	四半期	商務省	米国経済動向を見るのに最も包括的な統計。当該四半期の翌月に速報値が、翌々月に最終推定値が発表される。
個人所得 消費支出	毎月	商務省	個人消費の動向を所得や貯蓄率との関連で把握するのに適している。
小売売上高	毎月	商務省	百貨店等小売業の売上を示す。耐久消費財と非耐久財に分かれる。
住宅着工件数	毎月	商務省	住宅に関する代表的な統計で、新たな建設が開始された住宅戸数を示す。
鉱工業生産指数 設備投資稼働率	毎月	ＦＲＢ	企業の生産活動の状況を示す代表的な指標。
企業在庫	毎月	商務省	製造業・卸売業・小売業の売上、在庫残高、売上高在庫比率を示すもの。
製造業 出荷・在庫・受注	毎月	商務省	製造業出荷・在庫・新規受注・受注残高を示す統計でとくに受注動向を把握するのに有効。
雇用統計	毎月	労働省	通常翌月第１週の金曜日に発表され、非農業雇用者増加数、失業率、週平均労働時間、時間当たり平均賃金等が重要。
生産者物価指数	毎月	労働省	卸売物価に相当し、原材料、中間財、完成財の系列がある。なかでも完成財の動きが最も注目される。
消費者物価指数	毎月	労働省	消費者段階の物価動向を示すもの。
連邦財政収支	毎月	財務省	連邦財政収支の動向の他、収入項目、収支項目の動向を知ることができる。
貿易収支	毎月	商務省	財の輸出入に関する統計。
国際収支統計	四半期	商務省	経常収支や資本収支など、国際収支全般の動向を把握する。
景気先行指数	毎月	商務省	１１の指標を合成した景気の先行指標。
全米購買部協会指数	毎月	全米購買部協会	企業経営者に対する景気についてのアンケート調査。
マネーサプライ	毎月	ＦＲＢ	金融政策の動向を知る上で重要。

Q&A

Q：米国経済にかかわる指標が、そのようにたくさん発表されていることは知りませんでした。

A：確かに一般的にはあまり知られていないのが現状です。しかし現実には米国の経済動向によってドルの交換比率が変化するのですから、注目せざるを得ないと言えます。

Q：特に注意しなければならない指標は何ですか。

A：米国の対外貿易の状況を示す貿易統計は大事だと言えます。米国は世界最大のモノの輸入国であり、また同時に輸出国でもあるわけですから、その収支決算である貿易収支はどうしても注目しなければなりません。

Q：米国の貿易赤字は依然として大きいのですが……。

A：多少の上下動はありますが、依然として大きいと言えます。21世紀に入って、クリントン大統領時代には財政が均衡する方向には向かいはしましたが、尻すぼみとなっています。結局は米国を最終アンカーとする現在の経済システムでは、米国の貿易赤字がなくなることは不可能に近いと思われます。

Q：そうすると、素朴に考えれば米国の〝体調〟次第で、ドルは乱高下することになりますが……。

A：確かにその傾向にあると言えます。特に2007年以降のサブプライム問題を発端にした金融危機では「ドル安リスク」は消えないことになります。

Q：雇用統計も注目すべき材料と言われていますが……。

A：確かに大きな注目材料です。その中でも実質的なアメリカ産業の労働需要を示す非農業雇用者数の推移には注目しなければなりません。

EU（欧州連合）と為替相場

為替という観点から欧州を眺めてみると、東京・シンガポール・香港などのアジアの市場が終盤戦となってくる時間帯（日本時間の午後3時半あたり）に登場するのが欧州市場と言えます。

通貨の中心は英国通貨のポンドではなく、ユーロが中心となります。この場合の中心という意味は、基軸通貨のドルを中心としたユーロ取引ということです。

ニューヨーク市場が起きてくるのは日本時間で午後8時くらいですから、日本時間のこのあたりが世界中の銀行が勢揃いするということになります。

一時テレビニュースで、時間帯が同じなのにもかかわらずロンドン市場とニューヨーク市場で違う気配値を言っていた時期がありましたが、大きな間違いです。

為替の世界は電話回線だけの世界ですから、同じ時間帯で大きく違う値段になることは決してないと言えます。

ポイント

1997年1月、欧州全体が大同合併してできた「ユーロ」は、21世紀になって一大勢力になり始めている。英国がユーロ通貨体制に加盟すれば、米ドルを凌ぐとの見方も有力である。中国元との三つ巴の世界になり始めてはいるが、中国元は流通性に欠陥があり、21世紀前半は米ドルとユーロの二極通貨時代と考えるのが自然である。

為替取引が最活発する時間帯

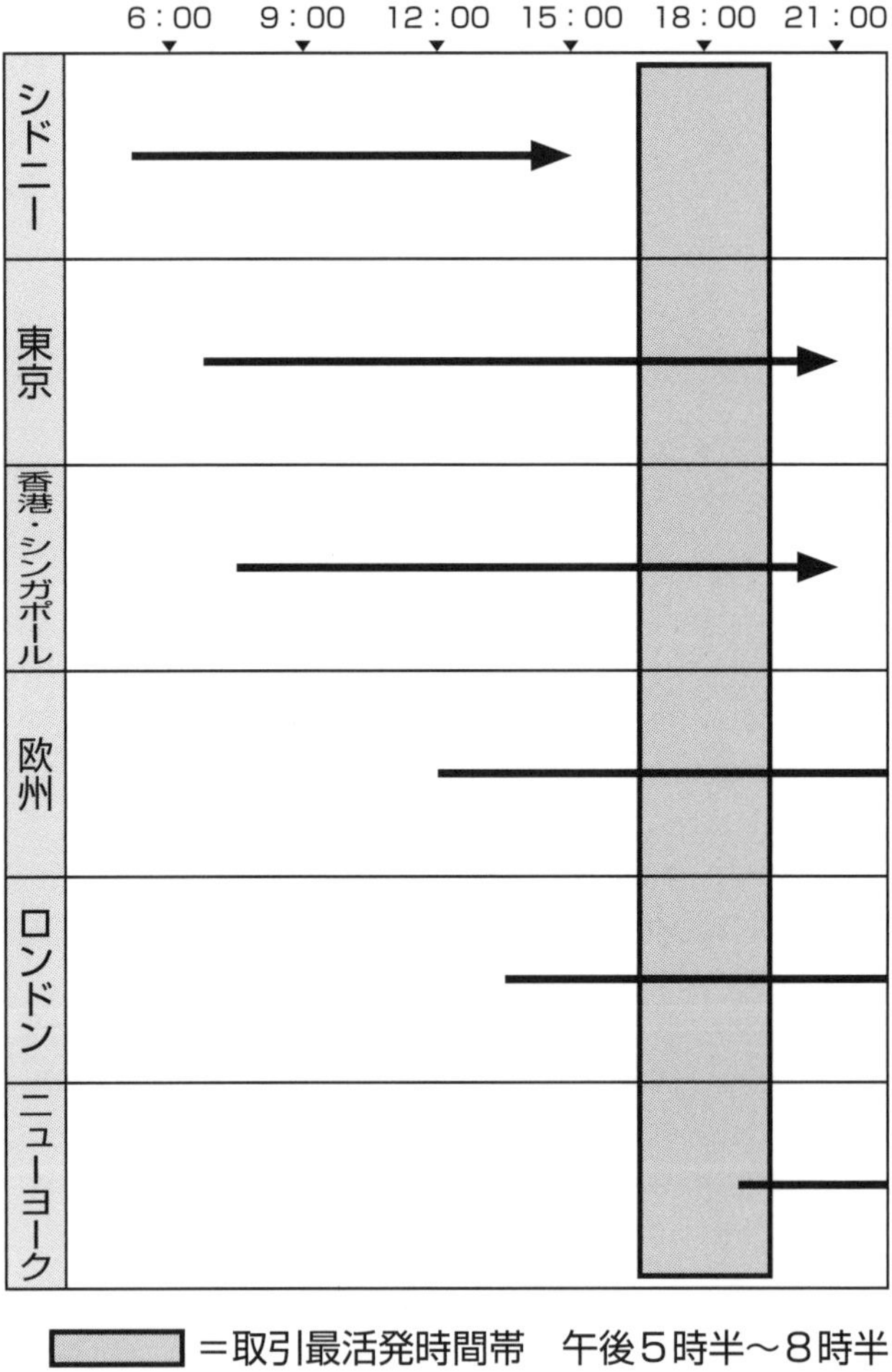

Q&A

Q：ロンドンは一大金融センターと呼ばれていますが……。

A：確かにそうです。これはロンドンのワーキング・タイムが世界中で一番多く世界の市場と接触するからです。欧州全体は勿論のこととして、ロンドンタイムの午前中には、東京・香港・シンガポールやニューヨークともクロスするからです。

Q：欧州で一番取引されるのがユーロであるのは当たり前と言えば、当たり前ですが……。

A：何度も言ってきましたが、日本人が考えるほど世界の為替市場では円に絡む取引は多くないという事実を認識することが大事です。日本が本格的に市場開放し、積極的に世界の市場に参入していかない限り、円は極東のドメスティック・カレンシーに逆戻りするのも自然の流れと言えます。

Q：日本時間の3時半頃に欧州勢が入ってくるそうですが、それがどうして分かるのですか。

A：為替取引、特に銀行間の為替取引は「相対取引」ですから、自分の取引の相手が確実に確認できるのです。例えば自分がドルを売った場合、その売ったドルを誰が買ったかが確認できるというわけです。

Q：つまりその時間帯から、それまでの相手が日本やアジアの銀行だけだったものが、欧州の銀行が次第に多くなってくる……。

A：その通りです。欧州の早出組（早朝出勤）は日本時間の午後2時半あたりから出没してくる。とは言ってもそれは一般論であって、情報機器の発達した現在では日本時間の午前中、つまりニューヨークの真夜中にニューヨークの銀行が登場しても少しもおかしくない。つまり「24時間、為替は眠らない」と言えます。

Q：市場という概念は変わってきた……。

A：その通りです。今までの日本の金融当局が規定してきたような、銀行の営業時間帯に合わせた為替取引、つまり午前9時から12時まで、そして昼食時間を1時間半挟んで、午後1時半から3時半までといった取り決めは、世界の為替メカニズムを全く無視したものであったわけです。しかもお笑いだったのは、その時間帯を撤廃する時点で、日本の銀行内部からも反対の意見が出たことです。「昼食を取る時間がなくなる」。そんな方々がいらっしゃるから日本は世界の市場からドンドン離されていく……。

Q：日本のビッグバン以降、日本でも金融市場に対する根幹のコンセプトも変わってきたのですね。

金利と為替市場

預金をする場合、少しでも高い金利をつけてくれる金融機関に預けたいと思うのが普通です。

そして昨今の金融不安の中、金利が多少高くとも、倒産の危険がある銀行には預けたくないと思うのも普通です。

そういった預金に関する一般的な概念は、世界の通貨にも当てはまります。つまり世界の通貨はより安全で、少しでも金利の高い国に動こうとします。21世紀に入って日本では、豪ドル預金やNZドル預金が盛んになりました。

ただこうした外貨預金にも大きなリスクがあります。それぞれの通貨の市場はあるとは言っても、その市場規模も小さく、またその通貨そのものの流通性に欠け、為替リスクが大きいということです。

通貨を巡る情報、市場の規模、流通性を考えなければならない時代なのです。

ポイント

金利動向はその国の通貨の動向に敏感に反応する。2009年に入って基軸通貨であるドル金利がゼロになった結果、米ドル以外の通貨の研究が盛んである。しかし通貨を巡る情報、市場の規模、流通性を十分考慮していかねばならない。

Q&A

Q：金利と通貨のことを考える場合、考え方としては、自分が預金をする時のことを考えてみればいいわけですね。

A：全くその通りです。結局は安全で高金利であればいいのですから。但しもう一つ大事なことがあります。短期金利と長期金利の違いです。短期金利とは「今日借りて明日返す」オーバーナイト金利から、せいぜい2週間までの金利を言いますが、長期金利とは1年から20年あたりまでの金利を言います。そして世界の市場で為替が大きく動くのは、長期金利の動向なのです。

Q：つまり国対国の大きな金額が動く世界の中では、安定した長期的な運用をしようとするからなのですね。

A：その通りなのです。現在のような低金利時代には円で日本の銀行に預けたり、日本の企業に貸し出しをしても妙味がないわけです。結局、長期的な安定運用を求めて彷徨うことになります。しかし金利で稼いでも、為替が円高になってしまえば、金利で稼いだ利益もなくなりますから、通貨がらみの投資をする際には為替動向も重要なポイントとなってくるのです。

Q：今後もそのような他通貨がらみの投資が増えそうですか。

A：現在の日本の個人資産について考えてみましょう。現在の日本の個人資産の総額は1500兆円と言われています。そしてその中の預貯金としては900兆円と言われています。この低金利の中で、900兆円という膨大な金額が預貯金のまま滞留するとは考えにくいのです。1998会計年度から実施された外為法改正によって、その中の最低2割、約200兆円が円資産離れをしているものと思われます。

Q：確かに今までのように、日本の金融機関は安全だという考え方は薄らいできていますが……。

A：金利と為替動向については、今までは国対国の組織立った大きな資金の流れに影響してきましたが、ここから先は個人も世界の金融の動きに敏感にならざるを得ない時代になるということなのです。このまま円で資産を持っていても目減りするだけという現実を真剣に考えるべきだと思います。

Q：21世紀は「資産を守る」だけでも大変な時代なのですね。

貿易収支と為替相場

世界各国の貿易収支が赤字なのか黒字なのか、そしてその額はどのくらいなのかも為替動向に大きく影響します。

為替相場は世界各国の基礎的経済状態、これを一般的に「ファンダメンタルズ」と呼んでいますが、物価・雇用・景気などの状況を的確に反映します。

このファンダメンタルズの中でも特に重要なものの一つが貿易収支であるということです。

身近な例を考えてみれば、借金で四苦八苦している人から借金を申し込まれた場合、普通であれば断ります。但し、その人の将来性や客観的な評価や潜在的能力の有無によっては多大な借金があっても信用して貸す場合もあります。国対国の関係も全く同じです。

つまり、今は赤字でも将来的には黒字に転換する可能性を秘めた要因がある場合や、赤字幅が急激に縮小し始める場合、逆に現在の日本のように黒字幅が急激に縮小し始める場合などは「円が売られ、他通貨が買われ易い地合い」となります。

ポイント

「国の対外的な力」を端的に表す貿易収支の数字は、敏感に為替に反映される。特に最近の日本の貿易黒字幅の減少が何を意味するかについて充分考えてみたい。他通貨への交換レートを示す為替相場は、経済のいろいろな意味が凝縮された「最終的な結果」なのである。

Q&A

Q：日本の貿易黒字が世界の先進国の中で大きな問題となった結果、「貿易摩擦」が起こったのは多少は知っていますが……。

A：一時期、日本は先進国の中で悪者になりました。しかしそれはそれなりに日本にも悪いところがあったのです。

Q：それは初耳ですが……。

A：日本は第二次大戦後、壊滅的な状況になりました。そして国を挙げて復興に努めました。結果、世界の輸出国になっていきました。しかしその中で日本は、「国内産業の育成」という名目で、「海外からモノは買わないが海外へは積極的にモノを売る」といった、言ってみれば〝いびつ〟な、そして閉鎖的な経済体制を作り上げてしまったのです。

自由主義経済とは「常に市場はオープン（自由）に」というのが原則ですから、一方的にモノを売るばかりで海外からのモノを買うことを拒否した結果の日本の膨大な貿易黒字は、海外の先進国から〝UNFAIR〟、つまり「不公平である」と非難されたわけです。

Q：それは確かに不公平かもしれませんね。

A：日本の市場は表面的には開放されたことになっています。本来の企業努力とは、如何なる困難に出会ってもそれを克服することにあるのです。

輸出を中心にしてきた日本では、円高になれば日本政府を非難する傾向にありましたが、日本経済が本格的に立ち直るためには、為替対策を含めた、企業の〝本当の意味〟での努力が必要であると思われます。

Q：この貿易黒字を巡る論争は本当にいろんな意味を含んでいるのですね。

A：その通りです。何度も申し上げてきたように為替レートとは経済のいろいろなものが凝縮された結果なのです。だから今の日本の金融当局の方々のコメントで「現在の為替水準は行き過ぎ」といった表現は全く検討はずれということです。どうしてその水準まで行ってしまったかといった根幹の理由を考えなければならないのに、単なる相場水準を〝なぞる〟だけでは何も起こらないと言えます。為替レートはその国のその時の政策を含めて、その国の状況を的確に表すバロメーターなのです。21世紀という金融新時代では、為替レートの持つ本当の意味を考えていかねばならないのです。また世界経済における「FAIR」「UNFAIR」のことも充分考えていかねばならない時代と言えます。

原油動向・国際紛争と為替相場

日本になく海外依存の最たるものは、エネルギー源の原油であるのはご存じの通りです。現在そのほとんど100%を輸入に頼っています。

従ってその価格が上昇すればその影響が大きい国の通貨（円）が売られ、その影響が少ない国の通貨（ドルやポンドなど）が買われるといったパターンになるのは当たり前のことです。

日本は二度にわたる石油ショックを経験し、エネルギーの一部を原子力に移す〝ヘッジ〟体制を固めてきましたが、依然として石油動向は日本の通貨である円にとっては大きな変動要因と言えます。

また国際紛争が起こった場合、建前上は「軍事力を持たない」日本は弱い立場に立たされます。

その点、ソ連なき後世界最大の軍事力を持つアメリカの通貨であるドルは、そのような国際紛争が起こった場合、真っ先に買われる傾向にあります。
理由は簡単です。強い軍事力を持っているから「買っておけば安心」だからです。

ポイント

原油動向は意外と見過ごされ易い要因である。しかし現在の為替相場の動向を見定めるためには、このような原油だけでなく、金（GOLD）の動き、世界の株式の動き、世界の農産物の動きなども考えていかなければならない要因である。

金融市場

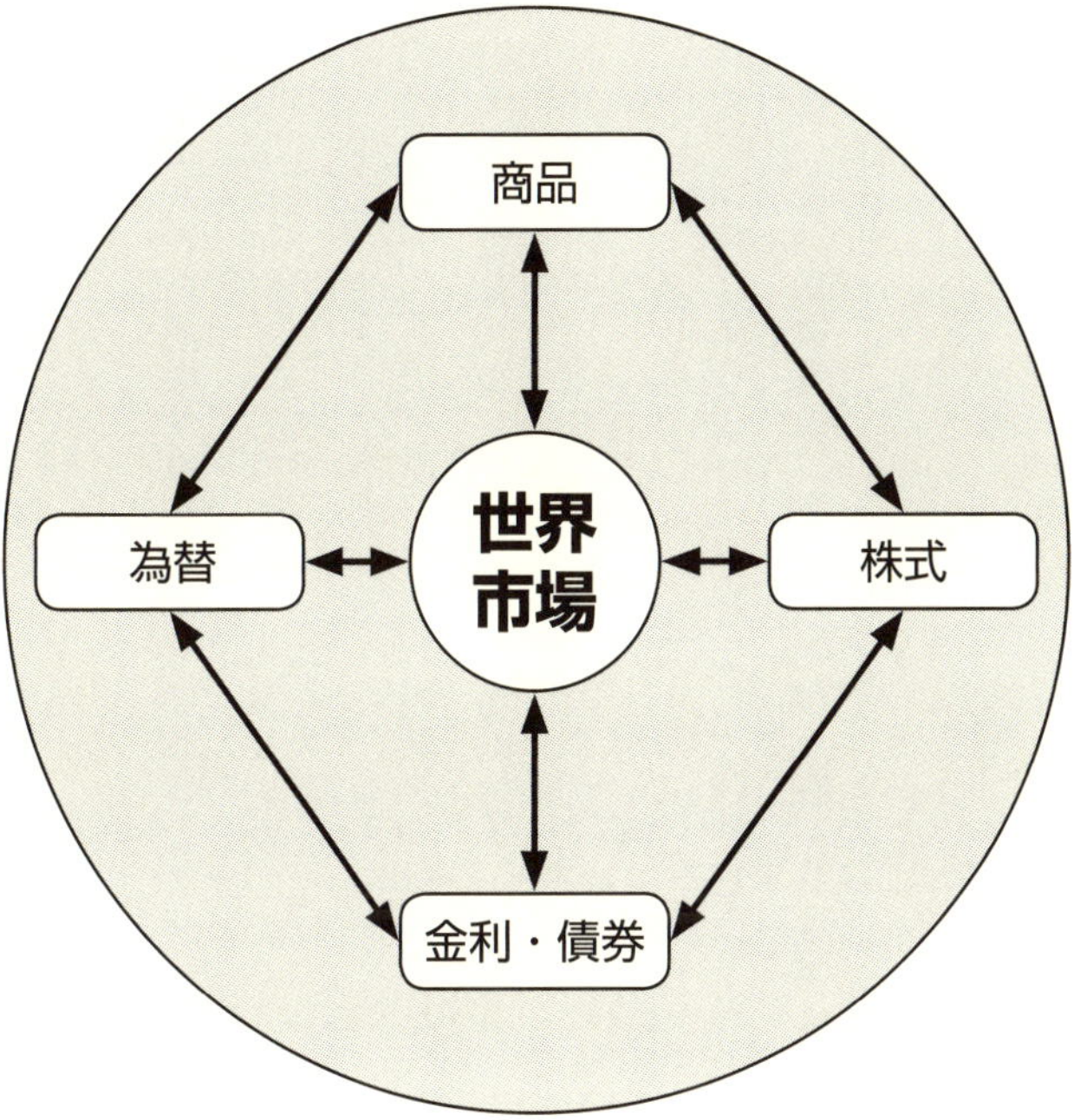

Q&A

Q：国の力の凝縮された結果が為替レートであることが解ってきましたが、為替動向を考える場合にはいろいろな要因を考えていかねばならないのですね。

A：全くその通りです。ある一面だけでは為替動向は語れないのです。今までの日本の金融機関の為替専門家と言われる人達の最大の欠点だったのは、「為替を為替としか眺めていない」ということだったのです。確かに為替は金融の一部です。しかし為替が動く要因は非常に多面的なのです。従って世界経済のありとあらゆる面を眺めなければならない。それを金（GOLD）の動向は知らない、農産物の動向は知らないでは正確に為替動向など掴めるはずはなかったのです。

Q：一般の者にとっては現場担当者は、一度に何十億円も動かすような凄いことをしているように見えますが……。

A：確かに動かす金額は大きいし、今後益々コンピュータを多用したデリバティブ全盛の時代となってくると思われます。しかし現在の日本の金融関係者に足りないのは、「相場をゲーム化」するあまり、小手先のテクニックに走り過ぎるということです。大事なのは、「根幹の大きな要因を掴む」ということであり、「市場全体を俯瞰する」ことなのです。いかにコンピュータが発達しても、コンピュータが人間に優るとは到底思えないのです。

Q：古い諺の「隗より始めよ」ということなのですね。

A：全くその通りなのです。東京金融市場の凋落傾向はその大きな原因として当局の規制がきつかったのもあります。しかしそれ以前に、金融機関の現場担当者の勉強不足も確かにあったのです。「為替を為替だけで考える」だけでは大きな流れは掴めない。もう少しマルチな多面的な見方をしなければ為替の大きな流れは掴めない。金融現場担当者がもう

少し的確な情報を日本の産業に伝えることができていたら、こうまでにはなって
いなかったと思われます。
例えば日本の場合、為替の動向は輸出業界に与える影響が大きいですから、カラ
カラの乾いたぞうきんを絞るようにして下げたコストを、為替の少しの動きであ
っという間に持っていかれる。現場担当者は勿論ですが、輸出業界の関係者も金
融の流れを更に勉強しなければならないのです。

ヘッジファンド（投機筋）と為替動向

為替が動く要因の中に、実際のモノの動きを背景としたものばかりでなく、投機的な動きがあるのもご存じだと思います。

投機とは簡単に言ってしまえば、「高く売って安く買う」か「安く買って高く売る」ことで利益を上げるという手段です。

この投機を大々的にやる集団を投機筋と呼びますが、東京外為市場を席捲したのは、古くはシカゴＩＭＭ（シカゴ先物市場の投機集団）、ソ連外貿銀行（旧ソ連の専門銀行＝通称シロ銀）、シンガポール通貨庁、チューリッヒ投機集団あたり。

20世紀後半ではバンクネガラ・台湾中央銀行（通称アジアの虎）、北京・中国銀行など。

日本では、生保と商社です。バブル時期は英語に訳されることなく〝ＳＥＩＨＯ〟と〝ＳＨＯＳＨＡ〟として世界の為替市場を暴れまくりました。

現在の投機筋の主役はヘッジファンド。このヘッジファンドの凄さは、運用資金の

20倍の効力のあるレバレッジを多用することにあると言えます。21世紀になって、市場の規模を考慮しない彼らの手法から不振が目立っています。

ポイント

ジョージ・ソロスの代名詞となっているヘッジファンドは、現在はその膨大な運用資金から、世界の政治まで動かした結果、ファンダメンタルズの一部とされた。ただ規模があまりに大きくなり過ぎたため不振をかこっているが、21世紀の為替の世界は、彼ら抜きでは語れない。

世界の為替市場の投機筋

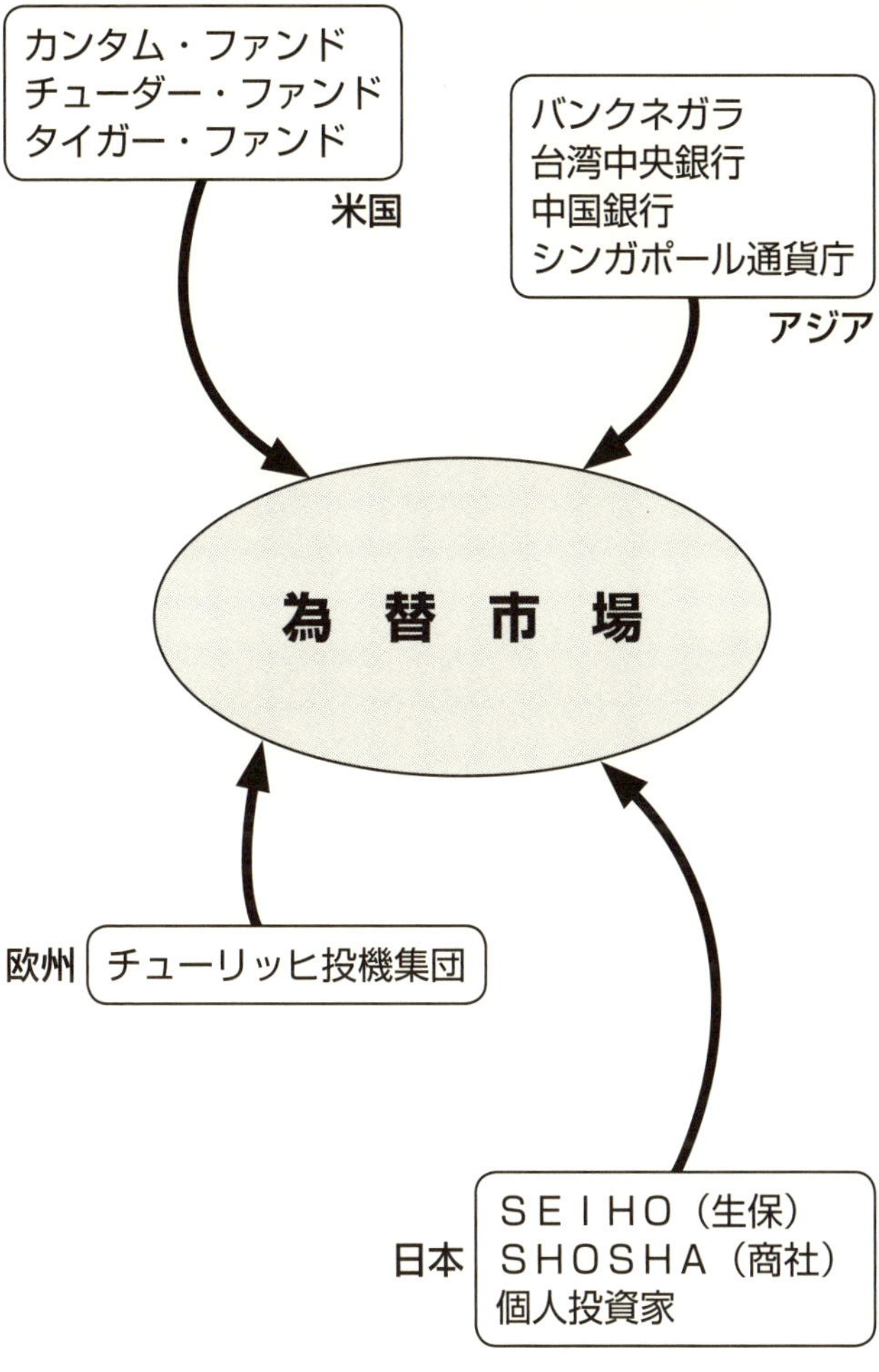

Q&A

Q：ヘッジファンドが世界的に注目されていますが……。

A：銀行を中心とした既存の金融機関が「資産運用の場」でなくなってきている現在、資産運用というコンセプトが大々的に変わろうとしています。それは「組織の運用の時代」から「個人の運用の時代」への変化です。通常ヘッジファンドは99人から資金を募り、その資金を運用する形態を取るのです。

Q：何故99人なのですか。

A：それは100人以下であれば、金融当局の管理下に入らなくてもいいからです。単純な理由です。従って利益率が高いファンド、例えばソロスのカンタムファンドなどでは、ファンドに加えてもらうためには30%以上のプレミアムを払わなければならない状況となっています。

Q：何故ヘッジファンドが隆盛となってきたのですか。

A：今までの金融機関は公募型を採用し、市中から大量の資金を吸い上げてきました。しかしレバレッジ効果で資金規模が20倍に化けてしまう現在の金融メカニズムでは、その膨大な資金を受けてくれる市場がないのです。従って、募集する資金を小さくするしかないのです。これが「組織運用の時代」から「個人運用の時代」になった最大の原因です。

Q：しかしファンドの運用資産は2兆ドルとも3兆ドルとも言われていますが。

A：そうなんです。それが「ソロス限界説」が言われる原因なのです。もはやソロスファンドは〝時代に逆行して〟、表面的には個人運用の形態を取りながら、実質的には組織運用と同じ規模になってしまったのです。とにかくソロスの張る膨大なポジションを受けきれる市場は世界にはなくなってしまったのです。

Q：その対応策を考えているのでしょうか。

A：ソロスは世界各国に寄付を繰り返していることでも有名です。その額も半端でないのはご存じだと思います。これはあくまで推定なのですが、ソロスは最終的には「政治を動かして相場に勝利しよう」としているのかもしれません。

Q：21世紀に入ってからのヘッジファンドの動向はどうですか。

A：21世紀になって、ヘッジファンドは世界的に急増しました。ただ規模の拡大ばかりを狙ったヘッジファンドは淘汰される流れにあります。募集資金を最小限にさえしておけば、レバレッジを最大限に生かして、市場に刃向かうことなく、安定的な利益を上げることは可能です。それは創立当初のヘッジファンドが大成功を収めたことを見れば分かります。

Q：日本でも運用新時代の到来ということですか。

A：その通りなのです。日本全体に張り付いた固定概念を根底から覆していかなければ、21世紀の運用新時代には対処できないと思われます。「既存のコンセプトからの脱皮」。これが21世紀のキーワードになるように思われます。

コラム②――電子化が進む金融市場

世界的な金融危機が市場を揺らしている。株価が10％以上も乱高下するといった異常な状況になっている。最近の市場の荒っぽい動きを見ていると、どうにも「人間の考え」を基にした動きではないように見える。

ポイントは電子化の技術活用した「スピード&空間の短縮」競争にある。

取引所での売買が電子化してから約10年。いち早く〝市場のゆがみ〟に気付き、到達する競争は、千分の一秒単位の〝ミリセカンド〟から百万分の一秒単位である〝マイクロセカンド〟の世界を視野に入れている。

また「空間」の短縮とは「世界の市場間を瞬時にしてつなぐ」ことを意味する。

売買システム開発会社の米トレーディング・テクノロジーズ社は、ひとつのパソコンで世界の主要な先物市場へ自動発注するシステムを提供している。

同システムでは、例えば、NY市場の原油先物とシカゴ市場のS&P500種先物の間で、「原油先物が1バレル150ドルを付けた瞬間に米株の先物を売る」という自動売買が可能。

また経済統計を開示と同時に取得し、事前に設定した予想数字を上回れば買いを自動発注するシステムもある。

電子化の普及は、時間と空間の短縮だけでなく、売買材料も即座に織り込むことも可能になった。

かくして、世界の市場は〝人間の考える〟市場ではなく、あくまでコンピュータが弾き出す〝架空の世界＝ＣＧの世界〟になり始めている。

最近の（コンピュータがもたらす）荒れ狂う市場の中で、一喜一憂しても仕方がないのも確かである。（いつものように）時間の経過が答を出してくれるが、少なくとも、マクロ的な見地から冷静に対峙する気持ちを持ちたい局面である。

第３章　円安・円高と日本経済

円高とその影響と効果

円高とは「円が買われる」ことであり、「ドルに対する円の価値が上昇する」ことを言います。円の価値が上昇すれば「今までより少ないドルで海外からモノを買うことができる」わけです。そして「モノを売っても今までより少ないドルしか入ってこない」ことになります。

この現象を簡単に言ってしまえば、円高は「輸入が有利」で「輸出が不利」ということです。ここで、1985年のプラザ合意以降の240円→80円の歴史的な円高局面を例に挙げて説明してみます。

未曽有の「円高不況」を乗り切るために、多くの輸出企業は「六次受け」の下請けメカニズムを、「二次受け」までに仕切ることによって乗り切ってきました。そして「6－2＝4」の部分を海外に向けたのです。

つまり「自社工場を海外に持つ」ことによって「より安く部品を輸入」して、円高によるデメリットを回避しようとしたのです。

これを国内の景気に当てはめてみれば、「6－2＝4」の部分の労働需要が失われ、景気の循環が悪くなりました。これが「円高不況」の大きな原因となったのです。

ポイント

1985年以降の日本の景気の回復は、「6－2＝4」の部分がいつ回復するかにかかっていた。それが低金利時代を招き、バブル時代を醸成していった。結局、為替動向は経済状況をも左右する。しかしこうした為替によりリスクを〝悪〟ととるのではなく、事前に察知して対応せざるを得ない。これが21世紀のグローバルな時代の常識である。

日本の主な経済・金融指標

指標名	周期	発表機関	内容
GDP	四半期	金融庁	当該四半期から約２ヵ月遅れで速報値を発表。
新設住宅着工指数	毎月	国土交通省	持家・分譲・貸家・給与住宅に分けられ、それぞれの住宅着工戸数を発表。
乗用車新車登録台数	毎月	日本自動車工業会	個人消費の中で、乗用車販売のウエイトは大きく、乗用車販売の動向は重要。
大型小売店販売統計	毎月	経済産業省	百貨店とセルフ店の販売額を示すもので、個人消費や商業活動状況を見るのに役立つ。
卸売物価指数	毎月	日銀	卸売段階での価格動向。
消費者物価指数	毎月	総務省	消費段階での価格動向。
国際収支統計	毎月	財務省・日銀	貿易収支、経常収支、資本収支等の対外経済取引を示したもの。
景気動向指数	毎月	金融庁	景気の方向性を掴む指標で、先行指数、一致指数、遅行指数がある。
日銀短期経済観測調査（日銀短観）	四半期	日銀	企業の業況判断、製品需給判断、資金繰り判断等が示されており、企業家心理を知る上で有効。
マネーサプライ統計	毎月	日銀	代表指標としてM２＋CD平均残高が重要。金融政策の方向性を見る指標。
有効求人倍率	毎月	厚生労働省	公共職業安定所に申し込まれている求職者に対する求人数の割合。労働の需給状況を把握できる。

Q&A

Q：円高になれば、安くなるものは衣料品・酒類・肉類のような輸入品だと思うのですが。

A：確かに円高局面では衣料品、特に中国・韓国・台湾製が目につきました。これは安い労働力や安い土地を求めて、日本の企業が日本に近い東南アジアに「リスク回避」をしたということです。洋酒や肉類が極端に安く手に入るようになったのも目につきますが、流通機能が正常に働いた結果と言えます。

Q：日本の輸入で最大のモノが石油と聞いていますが、石油を大量に使うはずの企業の製品が安くなっていませんが。

A：その最たるモノが電力・ガスあたりです。円高局面になれば電力が安くなってもおかしくない。２００８年のような原油が歴史的な高騰すれば話は別ですが、円が３倍強くなれば、少なくとも電力料金が半分になってもおかしくないのです。これは明らかに電力各社が「含み益を積み上げている」と思われても仕方のないところです。

Q：ガソリンも思ったほどは価格が下がりませんでした。

A：ここで考えておきたいのは、１９９０年代に入って「昭和シェル石油」や「鹿島石油」の１５００億円を超える為替差損事件が表面化した点です。しかしそれらの企業も倒産することなく、何事もなかったように順調にその損失を償却していっています。ここには何か大きな〝カラクリ〟があるような気がします。

Q：要するに石油関連企業は通常、いかに儲けているかということですね。

A：表面的にはいろんな理屈を並べ立ててはいますが、日本のガソリンの価格は依然としてアメリカの3倍以上もしているのが現状です。それに価格を制御する市場もない。アメリカでは原油を統制する先物市場が的確に機能しています。確かに日本の先物市場は依然として未成熟なのが実体ですが、原油が上場されたことによって価格システムに透明性が出始めています。日本では、関連省庁が既得権を失うことを怖れ、システムの透明化になかなか同意しない体質が出来上がっていますす。日本の経済システムの抜本的な改善には時間がかかりそうな気配です。

円安とその影響と効果

一般的に円安になれば「輸入が不利」で「輸出が有利」になるということなのですが、円高・円安を巡る産業構造の変換からそのメカニズムが機能しなくなってきたことは「円高とその影響・効果」の中で申し上げました。

今度は資本の流れの中でその効果を検証してみることにします。

史上最低レベルにある日本の低金利は21世紀まで続いています。それはバブル時期の不良債権に悩む日本の金融機関に対して、「短期金利を低くし、長期金利を高くする」ことによって日本の金融機関に利益を上げさせるしか日本の金融機関を救う道はなかったからです。

この円の超低金利を背景にして活発になってきたのがいわゆる外債投資というわけです。この外債投資とは各国の財務省が発行する債券を買うということです。

つまり日本にとって、例えば米国債を買うことは「アメリカを買う」ことであり、米国にとっては「日本に借金をする」ことになります。

ポイント

外債投資が活発になってきた理由を考えると共に、なぜ日本の金融当局が円金利を低くしなければならなかったか、また低金利をなぜ継続しなければならないかをしっかり理解したい。結局、グローバルな時代とは、「潰れるものは潰れるに任す」しか手がない時代であることを認識したい。

Q&A

Q：株価と為替動向のメカニズムについて教えてください。

A：1985年のプラザ合意以降の超円高時代を例にとって説明します。

1985年から始まった超円高は、バブル時期の日本の株高の時代、また株の暴落の時代を通して続きました。外国人投資家にとっては、日本株が上昇していればなおさら、また日本株が下落しても「円高であれば」日本株に妙味があったわけです。「株安・円高」であれば多少は耐えられたわけです。

それを具体的に説明してみますと、1ドル＝120円の時に、ある日本の銘柄を120万円買ったとします。その時に必要なドルは1万ドルということになります。そしてその銘柄が全く動きがなく、円高が進んで1ドル＝100円となった時点でその120万円分の銘柄を売却すれば1万2000ドルとなりますから、その利益は2000ドルになる、といった具合です。

Q：その傾向は1997年あたりから変わってきた……。

A：その通りなのです。完全に円安傾向になってしまったということなのです。「円高時代が終焉した」という傾向は1995年の7月と8月の二度に渡る大々的な協調介入あたりから言われてきたのですが1997年2月に120円を超える時点から1995年の80円時代は「戻らざる河」と認識されるようになってきたわけです。

Q：要するに「株安・円安」では外国人投資家には、日本株は全く妙味がなくなってきたというわけですね。

A：その通りなのです。バブルの後遺症が残っていた日本には金融不安がつきまとっていましたから、積極的に「日本を買う」スタンスはとれるはずがなかった。そこにきて唯一のメリットがなくなったわけですから、一斉に日本から逃避したということなのです。

円の動向と国際経済

円の世界における位置は日本人が考えるほど大きくはないということは第1章でも申し上げてきました。２００９年1月のオバマ新大統領の就任演説には一言も日本のことは触れられていませんでした。

極東における米国を始めとした先進国の興味は、21世紀の一大勢力となり始めている中国と、〝世界のならず者〟の国・北朝鮮にあるのは明白です。

トヨタ・ホンダが世界をリードする自動車業界では、過去には円が１１０円を過ぎる頃になると米国の自動車業界が不満を表明することが常でしたが、不況を極める米自動車業界にその勢いはありません。

米国経済にとって自動車産業を潰すわけにはいきませんが、現状は公的資金投入等、立て直しに奔走しています。

結局、「円の価値位置がどこにあろうと、もはやアメリカを始めとして先進諸国は頓着しなくなる」といったところが今後の円の状況ではないかと考えられます。

ポイント

日本が考えているほど米国は日本のことを考えていないということを充分認識したい。世界最大の債権国と標榜しているものの、実は日米安全保障条約の担保としての米国債保有であり、一方でGDP19位の国の通貨である円が、世界から注目される通貨とは言えない。

米国の主な経済指標と為替市場への影響

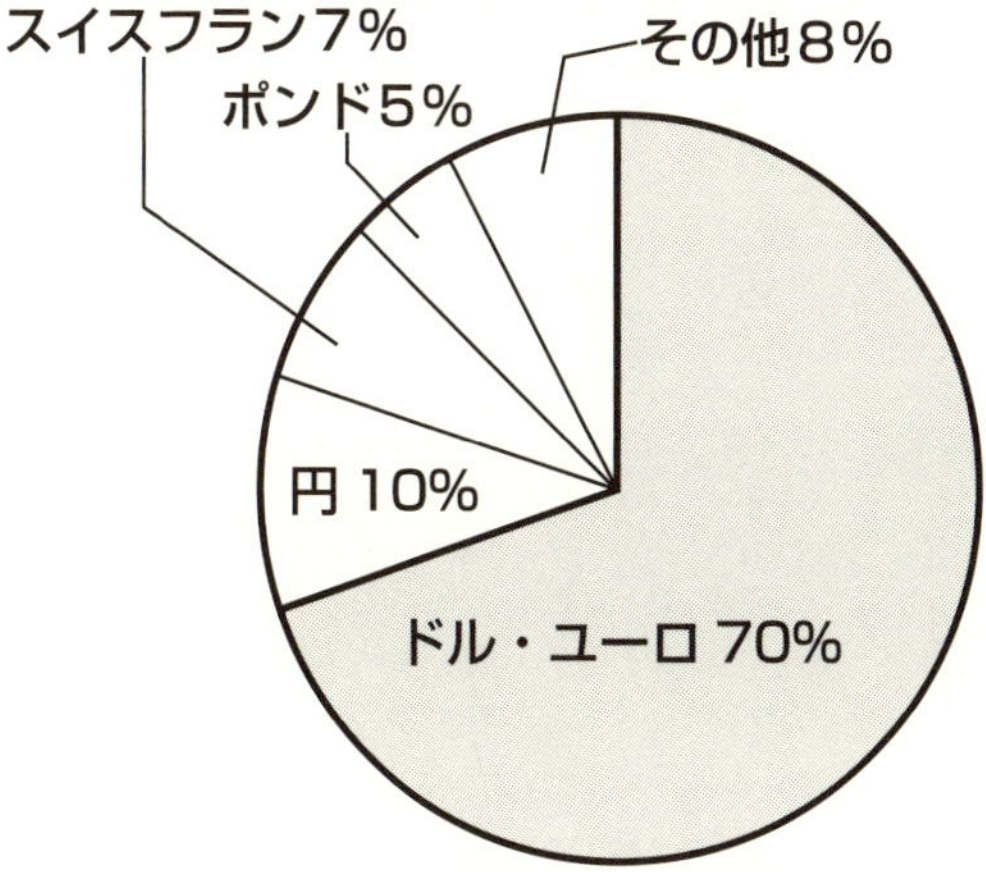

経済指標		経済状態	ドルの動向
貿易収支	赤字増大	↘	↘
	赤字減少	↗	↗
GDP	数字 up	↗	↗
	数字 down	↘	↘
消費者物価指数	数字 up	インフレ増大	↗
	数字 down	インフレ減少	↘
卸売物価指数	数字 up	インフレ増大	↗
	数字 down	インフレ減少	↘
雇用統計	失業率 up	景気減速	↘
	失業率 down	景気回復	↗

※「インフレ減少＝インフレ沈静化→経済安定→ドル買い」も考えられることから、少々微妙な部分あり。

Q&A

Q：今後国際経済の中で、円はどのようになっていくのでしょうか。

A：あまり注目されなくなっていくのではないかと考えられます。確かに一見すれば現在も依然として「世界の貿易黒字国」としての地位は保っているようには見えますが、中身が悪すぎます。

Q：国としての借金が多すぎるということですか。

A：全体で1000兆円を超えると言われる借金の額も気になりますが、世界の大きな流れから取り残されるという危機感がないのも気になるところです。目先の利益だけに目をやって抜本的な改革をやろうといった気概が見られない。これでは世界の先進国から飽きられても仕方がないと言えます。

Q：東京外為市場はどうなっていくのですか。

A：今までの日本の金融当局が〝護送船団方式〟を採用してきたのはご存じの通りです。これは「銀行は一行たりとも潰さない」ということであり、そのためには「当局が徹底管理する」ということであったわけです。つまり銀行の為替業務についても投機的な動きを徹底的に管理してきたということです。しかし現実には金融機関の為替差損事件は相次いだわけですし、銀行が取扱手数料をベースとした為替ビジネスを推進した結果、膨大な為替差損を出す日本の企業も相次いだわけです。もはや金融当局の管理で金融機関を統制する時代ではなくなったということです。ここに至っては「営利企業としての銀行」にすべてを任す方策しかないのです。つまり「利益を上げるのも損をするのも銀行の責任」といった形にするしかない。それが、現在の世界の金融界の趨勢なのです。そのような大きな流れに逆行してきた東京外為市場が大きくなるわけはないのです。

Q：市場の規模としては香港市場やシンガポール市場に抜かれそうになっていると聞いていますが。

A：現在のような情報機器の発達した時代に、少なくとも同じ時間帯のアジアであれば、どこにいても市場環境は同じです。東京なら東京にいるだけのメリットがなければならないのです。しかし現在の東京を考えてみれば、電話料金にしても香港・シンガポールと比較にならないくらい馬鹿高い。如何に低くはなったといってもオフィスレンタル料は高い、税金は高い、諸物価は高い。その挙げ句は規制はあるは客はいない。「ないないづくし」の東京に魅力があるわけはないのです。

Q：在日外銀の東京からの撤退も相次いていますが……。

A：当然と言えば当然だと思います。「東京に事務所を構える意味がない」のですから。

コラム③──基軸通貨の要件

まず基軸通貨の定義は何か。

「世界各国で共通の価値基準として認められる通貨」ということになる。

近代経済では、貿易の決済や金融取引などに幅広く使われるほか、各国政府の外貨準備ともなる。通貨発行国の経済規模や政治・軍事力、通貨取引の規模で決まるとされている。

19世紀以降、英・ポンドが基軸通貨の役割を担ってきたが、1945年に発効したブレトンウッズ協定で、米国が世界各国にドルと金との交換を約束したことから米ドルが基軸通貨の地位を確立した。1971年の金・ドル交換停止（ニクソン・ショック）後も、米国の経済力を背景にドルは基軸通貨の役割を続けている。

1997年には欧州の通貨統合でユーロが誕生、国際取引でも存在感を増し、1999年に外貨準備の7割を占めたドルは、現在は6割にまで低下している。

ただ2007年からの金融危機において基軸通貨としての機能は不十分だった。それは欧州中央銀行（ＥＣＢ）の中央銀行としての権限が平時のものとしてしか与えられていなかったからである。

しかし今回の金融危機を機に、欧州各国がその欠点を改善してくるのは目に見えている。「ドルはもはや唯一の基軸通貨と言い張ることはできない」「20世紀の枠組みを21世紀も続けることはできない」。２００８年11月13日、サルコジ仏大統領はパリのエリゼ宮殿で演説、ドルの将来に疑問を投げかけた。

イラク戦争の混迷などで政治的威信に傷つき、金融危機で揺らぎが見える米国は、ドルの基軸通貨としての優位を前提に、巨額の資金不足（経常赤字）の穴埋めを海外からの資本流入に頼り続けている。サルコジ発言にはドルへの強い不信感がある。

中国など新興国の台頭と共に、世界経済での米国の地位が低下する中で、21世紀に確立したドル基軸体制への潜在的な不安は根強い。米国発の金融危機でその不安は強まっているが、現状の世界に第二次大戦後に英ポンドから基軸通貨の座を奪った時のドルのような勢いのある通貨は見当たらない。

「ドル本位」を巡る論争は、結局は自国利益を優先する「自己本位」論争でもある。

かくして、「100年に一度の恐慌」の真っ只中、21世紀を支配する基軸通貨に関する論議が盛んである。結論的には「ドル一極時代終了」「ユーロを中心に群雄割拠の時代に入る」ということになるようである。

第４章　為替予約

ＴＴＭとＴＴＳ・ＴＴＢ

銀行の窓口営業時間は午前9時から午後3時までとなっています。円の払出しはどこの銀行でもＡＴＭで24時間引き出しは自由です。

しかし外貨となれば話は別です。

シティバンクのようにマルチマネー口座（どこの国に行っても自由に引き出しできる口座）といった便利な機能を具備しているものは別にして、日本の銀行の場合は窓口営業時間内に銀行に行かなければなりません。

日本の銀行の小口の為替に対する適用レートは午前10時の東京外為市場の成立値段をベースにします。

これをＴＴＭ（Telegraphic Transferable Middle Rate）＝仲値と呼びます。このＴＴＭを基準として、顧客に対してドルを売る場合の適用レートをＴＴＳ（Telegraphic Transferable Selling Rate）、顧客からドルを買う場合の適用レートをＴＴＢ（Telegraphic Transferable Buying Rate）と呼びます。

ＴＣ（Traveler Check）の売買はＴＴＳ、ＴＴＢからさらに1円（ＴＴＭから2円）、ドルキャッシュの売買はＴＣから更に1円（ＴＴＭから3円）の料金体系が普通です。

ポイント

このような銀行主導の、ほとんど搾取に近い手数料体系が手付かずに放置されてきた。１９９８年の外為法改正によりこの〝無法地帯〟にメスが入れられ始めたが、遅々として進んでいない。コンビニでドルキャッシュを交換できる時代は近くて遠いのである。

交換レート

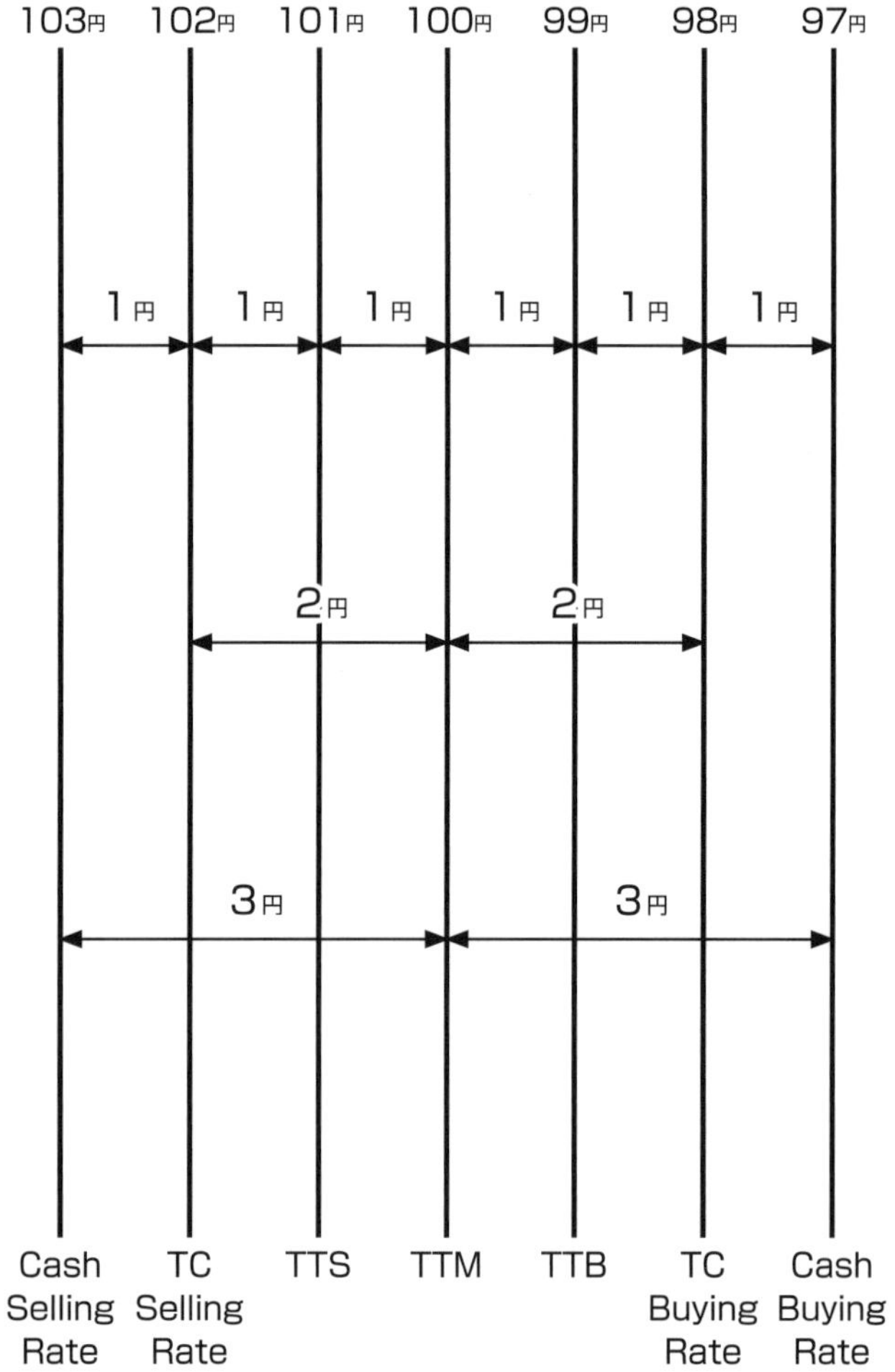
103円
102円
101円
100円
99円
98円
97円
1円
1円
1円
1円
1円
1円
2円
2円
3円
3円
Cash Selling Rate
TC Selling Rate
TTS
TTM
TTB
TC Buying Rate
Cash Buying Rate

Q&A

Q：このような料金体系は、都市銀行だけでなく、信用金庫あたりまで同じになっていますが……。

A：「外国為替公認銀行」という看板の上がっている銀行ならどこでも同じなのが実態です。

Q：ということは信用金庫も外為市場に参入していることになりますが。

A：そこが大きな問題なのです。第１章で、東京外為市場は建物もない、実体のないものだと申し上げましたが、それに付け加えて、法定のルールもないのです。そこにあるのは「信用（ＣＲＥＤＩＴ）」という概念だけなのです。従って「信じるか信じないかは各銀行の勝手」という論理なのです。

Q：ということは、外国為替公認銀行という看板を掲げていても実際外為市場に実質的に参入できない場合もあるということですか。

A：その通りなのです。東京外為市場は東京外為市場慣行委員会という自主団体が一応市場整備を行っていますが、法的には何らの拘束力も持っていないのです。慣行委員会で決められた事項は単なる〝申し合わせ（紳士協定）〟に過ぎないのです。またこのような自主団体に加盟できるメンバーも代々限られているのが実態です。

Q：そのメンバー構成はどのようになっているのですか。

A：97年以前は、日本銀行3名、都市銀行25名、長信銀5名、信託銀行3名、地方銀行2名、在日外銀2名、為替ブローカー2名といったところでした。ところが20世紀後半からの日本の銀行全体の吸収合併が続いたことから、現状では名目だけの組織となっています。

Q：外国為替市場は「銀行だけが直接参入できる」市場と聞いていましたから、すべての銀行が参入できると思っていましたが……。

A：正確には外国為替市場は「〝限られた銀行〟だけが直接参入できる」市場ということになります。

Q：外為市場に直接参入できないのに為替業務を取り扱うのはおかしいのではないのですか。

A：その通りなのです。日本の銀行の〝横並び主義〟の最たるもので、まさに〝無謀な〟手数料体系と共に、日本の主要銀行の系列主義があればこそなせる業と言えます。

このようなメカニズムの下で、末端の銀行に為替のことを聞いても仕様がないのが実情です。為替知識という点に関しては、日本の主要銀行の支店レベルでも全く同じと言えます。

Q：このような馬鹿高い手数料のメカニズムが是正される可能性はあるのですか。

A：1998年の外為法の改正によって、とりあえず為替を扱えるのは銀行だけだとする〝為銀主義〟は廃止されましたから、為替の世界は過当競争となり、手数料の大幅値下げの可能性は高いと言えますが、日本では時間がかかりそうな気配です。

為替予約の意味とそのメカニズム

通常の直物為替取引（通常の為替の売買）の決済は2営業日後に行わなければなりません。

しかし企業の大部分は、ドルを売る場合でも買う場合でもその決済は1ヵ月から半年後という場合が大半となっているのが実状です。

このような企業経理の実態に合わせて、決済期日を通常の直物取引より先に延ばした為替取引のことを為替予約と言います。

言葉を換えて言えば、為替予約とは銀行と企業の間で「X月X日に為替の決済をする」契約のことを言います。

為替予約のやりかたはP129の図に示した通りなのですが、ここで大きなポイントは為替スワップの概念です。

為替スワップとは簡単に言ってしまえば、ドルの決済を先延ばしするために、ドルを「買って売る」「売って買う」取引を同時に行う〝パッケージ取引〟と考えて下さい。ここから先は少し難しくなりますが、為替スワップについてはQ＆Aを参照して下さい。

ポイント

この為替スワップのメカニズムは、為替のテクニカルな面での根幹を為すものである。これが理解できれば為替メカニズムの大半を理解したことになるので、ジックリと検証したい。

為替予約の方法

輸入予約（１ヵ月先の５月３日のドル買 100 万ドルの場合）

取引日（4/1）	期日（4/3）	期日（5/3）
直物（spot）	ドル買　100 万ドル	
為替スワップ取引	ドル売　100 万ドル	ドル買　100 万ドル
		ドル買　100 万ドル（5/3 期日）

輸出予約（１ヵ月先の５月３日のドル売 100 万ドルの場合）

取引日（4/1）	期日（4/3）	期日（5/3）
直物（spot）	ドル売　100 万ドル	
為替スワップ取引	ドル買　100 万ドル	ドル売　100 万ドル
		ドル売　100 万ドル（5/3 期日）

Q&A

Q：為替スワップのメカニズムを説明して下さい。

A：為替スワップは「表面的にはドルの売買の形態を取るが、実はドルと円の貸し借りである」ということです。

例えば「ドルを売って買う」とは「ドルを貸して、後ほど返してもらう」ことであり、表面的にはドルの売買の形態を取ります。「ドルを売れば円が入ってくる」ことになりますから、その入ってきた円を〝貸す〟ことになります。

従ってこのメカニズムからは、「ドルを売って買う」＝「ドルを貸して、後ほど返してもらう」「円を借りて、後ほど返す」ということになります。

Q：実際の為替市場で行われている為替スワップレートの理論値を出す方法を教えて下さい。

A：2009年4月現在ではドルも円もほぼゼロ金利状態ですが、理解し易いように4月1日の市場環境を、

①ドル円為替レート＝100円

②1ヵ月の円金利＝0・5％

③1ヵ月のドル金利＝5・5％

として、1ヵ月（4月3日～5月2日＝30日間）の為替スワップの理論値を算出してみることにします。

数式としては100円×（5・5－0・5）％×30日÷365日＝0・41（円）つまり1ヵ月の為替スワップの理論値は41銭ということになります。

Q：結論的には「日米金利差を現在のドル円為替レートで換算する」と考えていいわけですね。

A：その通りです。従って日本の金利がアメリカの金利より低い状態（円がドルに対

してディスカウントであるという）では輸入予約のために行う「ドルを売って買い」という操作は実質的には「ドルを貸して、（後ほど）返してもらう」そして「円を借りて、（後ほど）返す」ことになりますから「ドル金利から円金利を引いた日数分」だけが〝利益〟になることになります。輸出予約のための「ドルの買って売り」は従って、〝損失〟になるわけです。

Q：だいたい解ってきましたが、この算出方法はどの通貨に関しても適用が可能なのですか。

A：金利と為替に関するスワップコストの算出方法は全く同じです。

Q：このような取引はどこの市場で行われているのですか。

A：同じ東京外為市場で行われています。一般的に為替市場とは2営業日に決済が行われる取引、これを直物取引と呼びますが、この直物取引だけが行われていると考えられていますが、このような為替スワップ市場や、単純にドルの貸し借りをするドルコール市場、後ほど説明する通貨オプションや、為替スワップとは違う金利スワップなど、為替・金利にからむいろいろな取引が行われているのです。

為替予約の延長

実際の貿易為替を考えてみた場合、予定通りに荷物が到着し、予定通りに決済が行われない場合も多くあります。従って、為替予約の決済も変更しなければならない場合も多いということになります。

このような場合、為替予約を期日より前に実行することを「為替予約の前倒し」、決済期日を遅らせることを「為替予約の延長」と呼んでいます。

「為替予約の前倒し」の場合は〝実際の決済を早める〟わけですから大きな問題はないのですが〝実際の決済を遅らせる〟「為替予約の延長」については過去において大きな問題が発生してきました。

その大きな原因としては、「実際のモノの動きを伴わない為替予約」つまり「投機的な為替予約」の延長は〝損の先送り〟になる場合が多かったという経緯があるからです。

〝損の先送り〟は、P136の図に示すように、「状況が益々悪化していく場合が多い」ので、特にやってはいけない取引と言えます。

ポイント

為替予約のメカニズムが理解できれば、為替予約の前倒しや延長のメカニズムについても理解できるはずである。1990年に入って一挙に露呈した数々の膨大な為替差損事件のカラクリについて、ジックリ考えてみたい。

「為替予約の延長」の例

原為替予約と当初の戦略＝投機目的で、事前に２月７日期日でドル売り予約をし、期日に合わせ２月５日にドルを買って決済しようとした場合

ドル売　1,000,000.00ドル　決済期日　2月7日　契約レート　100.00円

２月５日に１ヵ月延長を申し込んだ時の市場状況

2月5日のドル円レート　120.00円　1ヵ月の為替SWAPレート　50銭
1ヵ月の円金利　0.5%

ドルベース

	決済日	決済金額	決済日	決済金額
原為替予約	2月7日	売 1,000,000.00ドル		
為替SWAP	2月7日	買 1,000,000.00ドル	3月7日	売 1,000,000.00ドル
		0		売 1,000,000.00ドル

円ベース

① SWAPコスト　▲0.5円（50銭）
②円コスト　1,000,000.00ドル× 100.00円＝ 100,000,000円
1,000,000.00ドル× 120.00円＝ 120,000,000円
▲20,000,000円

※この時点で２千万円の損失が出ていることになるから、
期日の延長をすることは銀行の２千万円の「新規貸し出し」となる。
従ってそのコストは

20,000,000 × 0.5%× 28日（２月７日〜３月７日の日数）÷ 365日
（※この場合の日数は片端計算）
＝ 7,671円
これは 1,000,000.00ドルにかかるコストであるから１ドルに換算すれば
7,671 ÷ 1,000,000.00ドル＝ 0.0008円
これは１銭にも満たないが切り上げて１銭に計算
従って円コストは１ドルにつき１銭となる

出来上がりレート

100.00円−（①＋②）＝ 100.00円−（50銭＋１銭）＝ 99.49円

Q&A

Q：為替予約の延長は〝悪の温床〟になっていたのですね。

A：全くその通りで、「何年か待てば相場は自分の思い通りになる」といった間違った〝遠大な計画〟に銀行が加担していたということです。

Q：銀行にとっても「表面に出ない貸し出し」だったわけですね。

A：日本のバブル時期を「カネあまりの時代」と解釈すれば、カネを貸すのが本来の業務である銀行にとっては「貸し出し先」を見つけるのが至難の時代でもあったわけです。
従って〝濡れ手に粟〟のような大口の貸し出し発生については、相手が日本での名の通った大企業であっただけに、銀行は喜んで加担したということです。19

90年代になって露呈した一連の膨大な為替差損は、すべて大企業だったことを考えてみれば分かる通りです。

Q：バブルがはじけ、銀行自体の資金繰りが苦しくなってきた時点で、その〝新規貸し出し〟を止めた。

A：全くその通りです。言ってみれば「晴天に傘を貸し、雨が降ってきたらその傘を無理矢理取り上げた」といった銀行のいつものパターンと言えます。

Q：銀行の為替ビジネスの展開にも無理があったのでしょうね。

A：全くその通りで、金融当局から投機的な動きを制御されていた銀行は、その活路を日本の大企業に求めていったわけです。「為替でひと儲けしませんか」といった具合に。バブル時期の日本の金融機関の国際部門の拡充はすさまじいものがありました。巨大戦艦もかくやと思われるような世界にも誇れる巨大なディーリングルームの完成も相次ぎました。

Q：要するに「人のふんどしで相撲を取ろうとした」ということですね。

A：全くその通りで、日本の銀行は相場観もないまま、日本の大企業を巻き込んで、世界の市場を「力でネジ伏せようとした」わけです。東京外為市場が「国際化、拡大化」を旗印にして猛進し、ニューヨーク、ロンドンと並び、世界の三大市場と言われていた頃は、裏にはそのような動きがあったわけです。

Q：現在は為替の延長は認められているのですか。

A：実際のモノの動きが伴う「止むを得ない場合」を除いて、為替の延長は認められなくなってきたのが現状です。これは世界的な動きで日本だけではないのですが、遅まきながら、日本もようやく世界の市場の基準に準拠し始めたということになります。あのような膨大な為替差損は、日本経済全体にとっても大きな損失となりますから遅すぎたとは言えますが。

通貨オプション

通貨オプションとは簡単に言えば、ある通貨の「買う権利」「売る権利」の売買を言います。

一般的な生活に当てはめてみれば「生命保険」に似ています。「ある人が死亡したら」生命保険金が支払われるわけですが、同じように通貨オプションを買っておくことによって、「あるレベルの価格に達したら」その通貨を買う権利、売る権利が発生するわけです。

当然ながら生命保険には保険料が必要となります。これと同じように通貨オプションにおける保険料は「プレミアム」と呼ばれます。このプレミアムの価格は、期日が近くなればなるほど価値が下がっていきます。

これがオプションのメカニズムの概要ですが、外為市場におけるオプション取引とは、このプレミアムの売買のことを指します。

とにかく一般の企業にとっては、保険料＝プレミアムを払っておきさえすれば、最悪の状況だけは免れるわけですから、この保険料＝プレミアムは「安心料」と考えればいいわけです。

ポイント

最近の各企業は、超円高時代の「円高不況」の学習効果から通貨オプションを多用している。しかしそのほとんどが「オプションの買い」であり、オプションの売り方は金融機関という図式が出来上がっている。

用語解説

●アウト・オブ・ザ・マネー
本質的価値がないオプションのことで、コールオプションは権利行使価格が市場価格を上回っている状態で、プットオプションは市場価格を下回っている状態のオプションをいいます。

●アット・ザ・マネー
市場価格と権利行使価格とが同じかほぼ等しい状態のオプションのことをいいます。

●イン・ザ・マネー
本質的価値があるオプションのことで、コールオプションは権利行使価格が市場価格を下回っている状態で、プットオプションは市場価格を上回っている状態のオプションをいいます。

●コールオプション
特定価格を満期日までに買付けることができる権利をいいます。

●時間的価値
オプションの価値のうち、本質的価値以外の価値で、時間とともに減少し、満期日には「ゼロ」になります。

●権利行使
オプションの買方のみが保有する権利で、権利行使価格を行使する行為をいいます。

●プットオプション
満期日までに特定価格で売ることができる権利をいいます。

●プレミアム
オプションの対価として買方が権利の保有のため売方に支払う「オプション料」のことです。

●ボラティリティー
価格変動率のことです。

●満期日
買方が権利行使できる最終日のことで、満期日を過ぎるとそのオプション契約は消滅し無価値となります。

●ヨーロピアンオプション
予め決められた日にしか権利行使ができないオプションのことをいいます。

Q&A

Q：オプションに基本的理論はあるのですか。また手計算でできるのですか。

A：ブラック&ショールズモデルというもので手計算ではできない理論と言えます。コンピュータに頼らざるを得ません。

Q：オプションを買っておけば、例えば「あるレベルでドルを確実に買いたい」場合や、「あるレベルでドルを確実に売りたい」場合に有効であるということですね。

A：その通りです。プレミアムという保険料が無駄になることさえ目をつぶれば、確実に「あるレベルのドルの売買」ができるわけです。これは１９８５年から始まった円高の最終局面の１９９３年あたりから多用されるようになってきました。企業の採算ベースからオプションのプレミアムをも勘案した上、逆算してオプシヨンを買うレベルを決めていくといった戦略です。

Q：そうすると円高局面では「ドル売りのオプション＝プットオプション」を購入するわけですね。

A：その通りです。プットオプションを購入した企業は、予想通り円高が進行していっても、とにかく採算ベースでドルを売ることができることになります。

Q：一方オプションを売った銀行は、あるレベルにくれば、オプションから派生するドル売りをしなければならないのではないですか。

A：その通りです。オプションが実行された場合、その実行されたことによる通貨の売買を「ヘッジ」と呼びますが、円高の場合においてはドルのヘッジ売りが大量に出ました。オプションは為替市場の波乱要因になり易いと言えます。

Q：最近では新種のオプションが続々と出てきていると聞いていますが……。

A：主たるものとしては以下のようなものがあげられます。

①ルック・パック・オプション…期間内の最良の価格で行使できる。

②ノックイン・オプション…価格が一定レベルに達するとオプションが発生する。

③ノックアウト・オプション…逆に消滅する。

④デジタル・オプション…権利行使後の利益が一定。

⑤ラダー・オプション…権利行使利益が断続的に増加。

⑥レバレッジド・オプション…利益に乗数や定数がかかっている。

⑦ゼロコスト・オプション…オプションの売りと買いを組み合わせることによってオプション料がかからない。

コラム④――ミセス・ワタナべの過信

日本で外国為替取引が正式に開始されるのは1973年。日本の外為市場は約35年の歴史ということになる。外国為替は本来、銀行のみが取引を認可されてきた。証券や生損保も、そして商社や輸出入業者も、為替取引は全て銀行を通して為替市場に参入していた。

外国為替業務は、文字通り外国通貨を扱うことから、銀行では行員を選抜し、銀行業の基本は勿論、英語力、為替市場のメカニズムを徹底して教育するシステムを採っていた。

言ってみれば、外国為替業務に従事できたのは〝選ばれた行員〟であった。

ところが金融のグローバル化およびITが進捗する1998年頃から、まず銀行と証券・生損保の垣根がなくなり、証券・生損保が子会社形式で銀行を保有するようになってからは、原則自由の流れが爆発的に拡大していった。

こうした原則自由の流れの延長線上に現在の為替の個人取引（外国為替証拠金取

引）がある。そこには従来の銀行の影はない。要は全くの素人でも為替取引が可能だし、また外国為替取引を仲介する業者になることも可能である。

確かに外国為替仲介業者として営業するには金融庁への届け出が必要であり、それなりの条件はクリアする必要はある。しかし原則自由というお題目の中で、従来の銀行に対するような厳しい条件は付されてはいない。

こうした諸環境の変化と共に、２００５年から3年ほど続いた円安・ドル高の流れが為替人気に拍車をかけることになった。要は「円を売って他の通貨を買う」取引さえ続けていれば、ごく当たり前に儲かったのである。円安がこのまま続けば皆がハッピーだった。

ところが、２００７年後半から急激な円高・ドル安になった。マクロ的な見地から要因を考える前に、大きな損失にショックを受け、おかしい、そんなわけがない、とオロオロしている。

書店では、20代のＯＬや30代前半の主婦の書いた「わたしにもできますＦＸ」「ＦＸで１０００万円を儲ける法」等のノウハウ本が並び、タレントのブログでは「こうして儲けたFX」云々などといった話が巷間に溢れた。

一方、個人取引を扱う業者＝仲介業者にも大きな問題が露呈した。顧客からの預託金と、自己資金とを分別して管理するのが原則中の原則だが、客のカネは自分のカネとばかり、顧客の資金を使って相場を張り、大きな損失を出す業者が続出した。

かくして、円安・ドル高局面では海外市場からミセス・ワタナベと揶揄され、〝相場をナメ切った〟日本のOL・主婦層の損害は、2007年後半からの円高局面で（推定で）5000億円を超えると言われている。

過渡期には違いない。が、現在の日本を象徴する事象ではある。

第5章　市場介入

急激な為替変動

ここ5年は市場介入は行われていません。徐々に〝前時代の伝説〟のように言われ始めています。

何故市場介入が行われるかと言えば、簡単に言えば為替が乱高下することによって経済が大混乱に陥るからです。特に貿易立国・日本にとって、為替の乱高下はまさに致命傷と言えます。

この章の本題である金融当局の介入の詳細に入る前に、為替を側面から眺めるため、現状の先物市場（Futures Market）と為替について少し触れてみたいと思います。

日本の先物市場には1980年代の豊田商事事件の影響が色濃く残り、依然として「先物嫌悪症」が蔓延しているのが実態です。

しかし、欧米の金融市場の中における先物市場の位置は、債券・為替・株式の各市場と同列に並んでいます。現在の世界の為替市場は、金を中心にした貴金属、大豆・コーンを中心にした農産物、そしてエネルギー源の中心である原油などの商品先物市場（Commodities Futures Market）と密接に繋がっています。そして中東紛争のように、商品市場の動向が原因となって為替市場が乱高下することも多いのです。

ポイント

先物取引は各種の取引所で行われ、このような取引を「取引所取引」という。この取引所取引の特色は「ストップ高。ストップ安」があり「証拠金ベース」になっていることである。

Q&A

Q：突如として先物市場の話になりましたが……。

A：為替を考える時点で、日本の金融界に欠けている大きなポイントがあります。それは世界の主要産品の動き、つまり「商品の動き」を無視しがちだったということです。

Q：確かに日本では「商品の動き」はあまり注目されていません。

A：日本の公共放送が流す相場情報としては「為替・株式」がありますが、もはや為替と株式情報だけでは世界経済は語れないということです。現在の日本においては為替相場・株式相場はようやく認知されてはきましたが、商品相場に関しては「普通の人がやってはいけない危険な相場である」という時代遅れの概念で捉えられています。21世紀になって多少は緩和されましたが、日本のマスコミでは依然として「先物」という単語がタブー視されているのが実態です。

Q：それは知りませんでした。

A：確かに今までの日本の先物業界の営業スタンスに問題があったのは確かですが、もはや「商品先物極悪論」を持ち出しても始まらないのです。為替の恐ろしさは1990年代前半に露呈した膨大な為替差損事件で実証済みだし、株式に至ってはほとんどの日本国民が何がしかの損害を被っています。いずれにしても結局はその膨大な差損は日本国民が支払っているということを忘れているのです。

Q：積極的に参入しないまでも、メカニズムくらいは知っておくべきだということですね。

A：その通りなのです。20世紀後半あたりから都市銀行上位行を中心に商品を研究しようとする動きが急激に出てきました。これからはインターネットを中心とした情報の世界が急激に進歩していくと思われますので、国対国といった垣根が、情報の世界では全くなくなっていくと思われます。

Q：つまり日本にいてドル建ての金融商品を自由に扱う時代ということですね。

A：その通りなのです。日本の金融機関もようやくその点に気がつき始めたのです。もはや商品に関する既存のコンセプトは捨て去ろうと。この傾向は急激に広まると思われます。

Q：ということは、日本の金融大資本が商品市場に大々的に参入してくる可能性が大いにあるということですね。

A：その通りなのです。外為法改正をその突破口として、まさに金融界は「何でもあり」の世界になると思われます。

Q：本欄では為替の変動という意味から、現在の日本の金融界を巡る大きな相場変動に対する相場メカニズムの欠点にまで言及することになりましたが……。

A：申し上げたいのは為替を扱うのであれば、少なくとも世界の商品先物市場のメカニズムを応用できるくらいの柔軟性を有しなければならないということです。これからの世界経済、そして世界金融は、当局が統制できる時代ではないと思われるからです。少なくとも先物市場の最大の機能であり、為替市場にはない「ストップ高、ストップ安」の意味、「先物市場での最大の損失限度は証拠金である」という意味を充分理解すべきだということです。

日本銀行（日銀）の市場介入

市場介入は、その国の中央銀行によって行われます。日本においては日本銀行ということになります。もう少し詳しく言えば「日本銀行国際局為替課」がその任務にあたります。

従来のやり方を説明してみます。

為替が乱高下した場合、大蔵省国際金融局から介入の大枠金額が円ベースで為替課に告げられます。

例えば「本日の介入金額は3000億円まで」といった風に。その大枠の金額に基づいて為替課の担当ディーラーが動き始めるわけです。

仮に円高が進行し「ドル買い介入」をするとします。

大概の場合まず日本で最大の為替専門銀行である三菱東京UFJ銀行に「ドル買い注文」を出すことになります。

一時は在日外銀、例えばアメリカ大手のシティバンクやアメリカ銀行に注文を出した時もありましたが、大概の場合、注文（オーダー）が出されるのは（現在では）三大メガバンクと考えてよいでしょう。

ポイント

ここ5年は市場介入は行われておらず、今や伝説になりかけてはいるものの、日銀の介入担当部署がどこであり、どのように実行されるかは意外と知られていない。仕組み自体は頭に入れておこう。

市場介入のしくみ

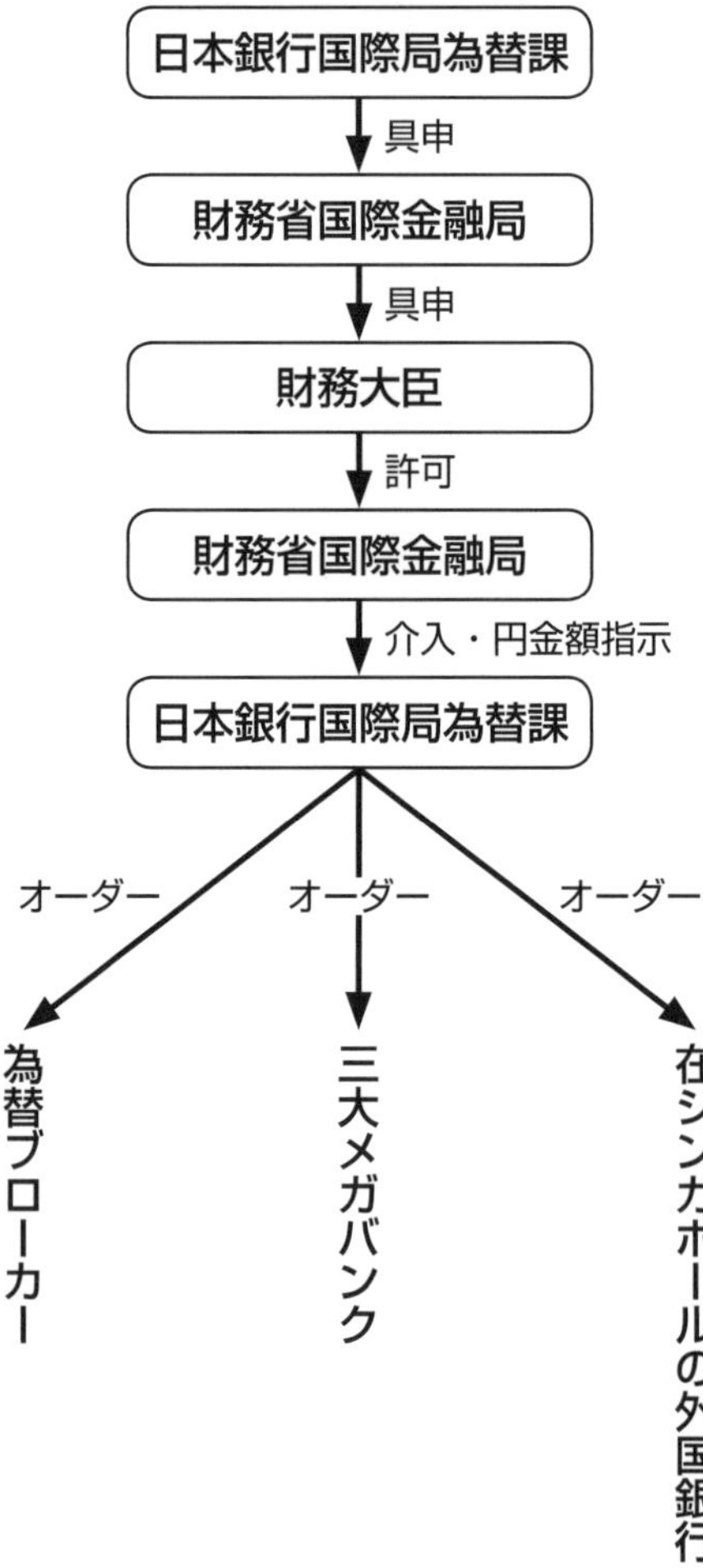
日本銀行国際局為替課
具申
財務省国際金融局
具申
財務大臣
許可
財務省国際金融局
介入・円金額指示
日本銀行国際局為替課
オーダー
オーダー
オーダー
為替ブローカー
三大メガバンク
在シンガポールの外国銀行

Q&A

Q：日銀が市場に介入することは知っていても、そのやり方は全く知られていないのが実態ですが……。

A：全くありきたりのやり方しかしていません。何といっても外為市場は「電話回線」の世界ですから、銀行の普通一般の取引形態とそう大きな違いはないのです。日本で最大の為替専門銀行である銀行が窓口となることが多いのは、銀行の性格上当たり前の戦術と言えます。

Q：変わったやり方はないのですか。

A：例えば円高局面では、市場にあるドル売り注文を一斉に買ってしまう場合もあります。これを市場用語で「ドル売りを〝ヒット〟する」と言いますが、このヒットを何度も続け（連続ヒット）、市場のドル売りを消してしまう作戦も頻繁に取られます。

Q：在日外銀がその窓口となったこともあるのですか。

A：一時はありました。そして高等戦術として、東京外為市場だけでなく、シンガポール市場で日銀の介入がなされたこともありました。東京外為市場が手薄になる昼食時間を狙ってシンガポール市場で介入するといったやり方です。ありきたりの戦術では効果も薄れてしまいますから。時には〝ゲリラ戦術〟も必要ということです。

Q：介入資金はどこからくるのですか。

A：介入に使われる資金は介入専用の特別口座（外国為替資金特別会計）を通して行

われます。ドル買い介入で買ったドルはすべてアメリカ国債購入などに当てられ、一旦買ったドルは早期には売り戻すことがないと言われています。

Q：介入の最終決定は誰がするのですか。

A：日銀為替課の具申により、最終的には財務大臣が決定すると言われています。

Q：いつどの時点で市場介入されたかは、どのようにしてマスコミに伝わるのでしょうか。

A：一般的に言って「どこの銀行がドルを買って、どこの銀行がドルを売った」などといった取引内容については、「建前では秘密」となっていますが、しかし実際には介入玉を受けた銀行や為替ブローカーの担当者からマスコミに伝わることになります。

Q：各国との中央銀行とは連絡を取り合っているのでしょうか。

A：綿密に連絡を取り合っていたようです。米ニューヨーク連邦銀行（FRB）、独連邦銀行（ブンデスバンク＝通称BUBA）などとは24時間連絡を取り合っていたと言われています。

G7（先進7ヵ国）の協調介入

協調介入とは、世界の主要国の中央銀行が世界の為替市場で一斉に介入するということです。

この大掛かりな介入はさすがに威力があり、「政治力で相場を動かす」ことになるのですが、自由主義経済の大前提である「自由な市場」を操作してしまうわけですから、世界中で非難する声があるのも確かです。

特に米国では、「国民の税金を使って投機的な為替取引をすることはけしからん」と、金融当局の市場介入を非難する声も強いのが現状です。

世界の先進国の中央銀行の中で、ドイツ連邦銀行（通称ＢＵＢＡ＝ブバ）が最強と言われていました。

その出没するタイミングといい、市場の心理を読み取るやり方といい、「最後の一滴までしぼり取る」ようなその〝残虐性〟といい、世界最強の名をほしいままにしていました。
では我が日銀はどうかと言えば、榊原英資氏が大蔵省国際金融局長のポストにつくまでは残念ながら〝世界最弱〟と言われていました。

ポイント

世界の為替市場の動きを決定的にする協調介入はそうたびたびなされてきたわけではない。１９８５年のプラザ合意以降のドル売り介入、そして記憶に新しい１９９５年７月と８月のプラザリバーサルといわれるドル買い介入など、数えるほどしかない。

協調介入のしくみ

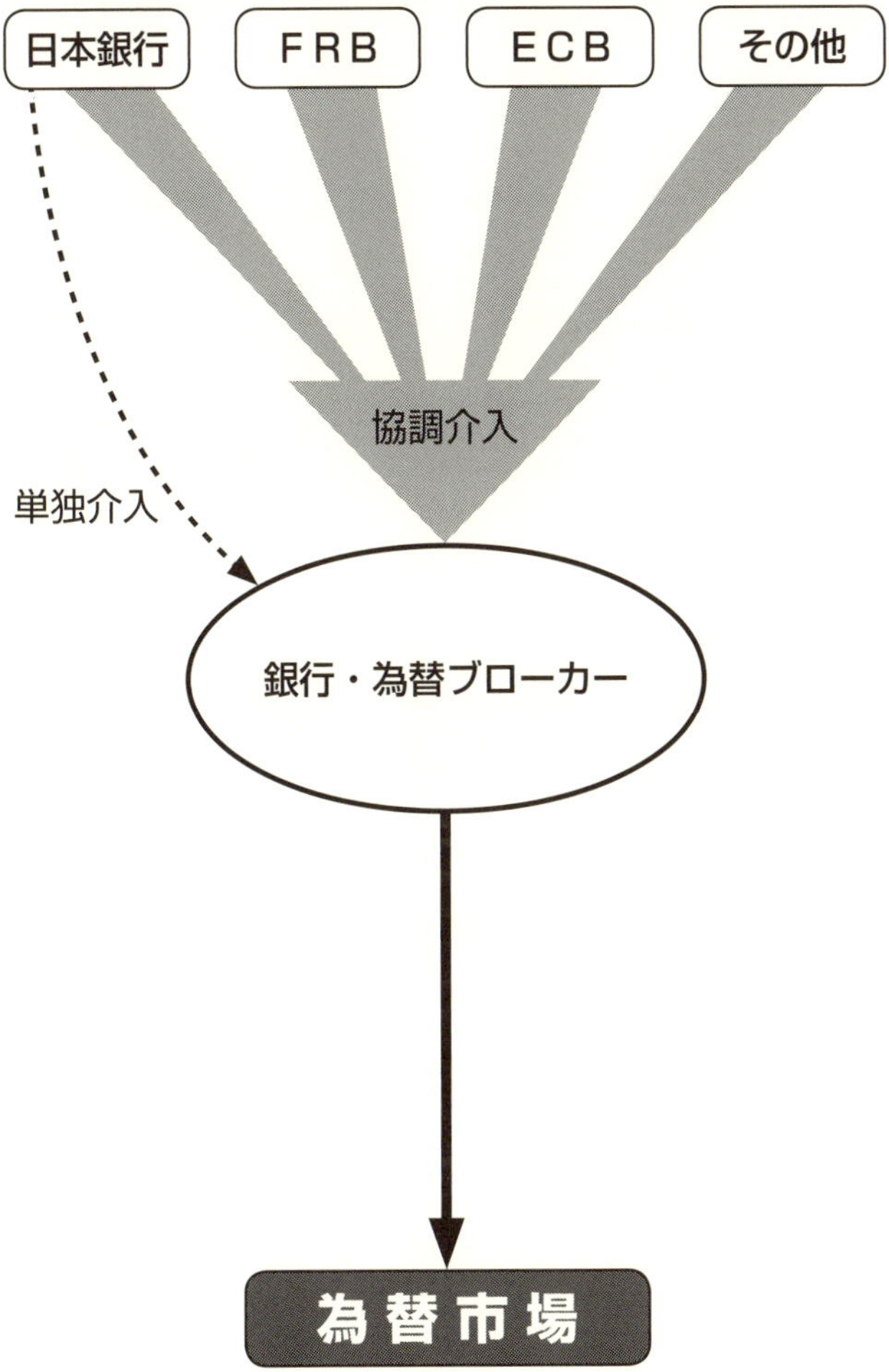
日本銀行
FRB
ECB
その他
協調介入
単独介入
銀行・為替ブローカー
為替市場

Q&A

Q：世界の先進国の中央銀行が一斉に市場介入するとなると、さすがに威力があるのでしょうね。

A：全くその通りで、「政治が動くことになるから市場はそれに従うしかなかった」というのが今までの状況です。しかし今後は、「政治の力で市場を支配する」ことが可能かどうかについては大いに疑問です。自由主義経済の原則から真っ向反対の立場を取るのですから。

Q：日本の金融当局には依然として最後の切り札は市場介入であるという見方があるようですが。

A：日本の金融当局のトップ、特に日本の歴代の大蔵大臣は、為替市場の現場を知らない方々が殆どでした。従って全く効果のないタイミングで、不要な介入を続けたといった局面が多かったのです。伝家の宝刀はそうたびたび抜いても効果があるはずはないのです。

Q：その結果が「世界最弱」と言われる原因となった……。

A：その通りなのです。少なくともMr.Yenと呼ばれた榊原英資氏が国際金融局長のポストにつかれるまでは世界最弱の名を欲しいままにしてきたのが実情です。それに引き換え、世界最強と定評のあった独連銀は、市場心理を読み取り、相場のテクニカルな研究も怠らず、一旦出没したら徹底的にやってしまいますから、世界の市場では「さすがにバイキングの末裔」とまで言わしめたのです。

Q：やはり最後は国民性の問題ですか。

A：確かに国民性の問題があるかもしれません。日本の通貨である円の動きは、ドイツの通貨であったマルクの動きに比べれば確かに優しい。春夏秋冬を愛でながら、収穫時期をジッと待つ農耕民族・日本のスタンスと、チャンスがあればいつでも狩猟に出かける狩猟民族・ドイツの国民性の違いは、もはやどうしようもないかもしれません。

Q：それでは基軸通貨国である米国はどうなのですか。

A：簡単に言えば日本とドイツの中間です。自由主義経済の総本山である米国では、元々金融当局の市場介入に対しては批判的な声が多かったのです。「市場介入は、税金を使っての投機」だとするスタンスなのです。根本的には「自由であるべき市場の動きに当局が関知するのはおかしい」という考え方なのです。それも一理あると思われます。

Q：日本の金融当局とはスタンスが違いますね。

A：確かに違います。日本の金融当局のように、根幹の原因を考えず、表面的な管理だけで市場の動きを統制しようとしたスタンスは21世紀には通用しないと思われます。

口先介入

今まで述べてきたのは実際に市場で介入する場合の状況でしたが、この口先介入とは、全融当局の高官が市場に関する発言をすることによって、市場心理を利用して実際に市場で売買することなく市場を統制するという、高等戦術のことを言います。

但しこの高等戦術は、基軸通貨国の高官でなければ効果がないのは言うまでもありません。

例えば日本当局の高官がいかにドル円のレベルを危惧する発言を繰り返しても、なんら意味がありません。

その発言で市場が動きそうな人物としては、米国財務省の総責任者である財務長官、米国金融の総責任者ＦＲＢ議長、そして欧州ではＥＵ総裁。

残念ながら日本の蔵相や、日銀総裁の発言などは、世界の為替市場ではほとんど無視されてきました。

ポイント

実際に市場で売買をすることなく、市場を動かすためには、世界の金融を動かす立場にいる人が発言しなければならない。日本の担当大臣や高官の官僚の発言などは、世界ではほとんど無視されてきたのが実態である。

Q&A

Q：榊原元国際金融局長を評価する声が多かったのですが。

A：円は1995年4月19日に79・75円という史上最高値をつけました。その当時の円については「50円説」「60円説」などが飛び交い「ドルが紙屑になる日」などと喧伝されました。とにかくそのような超円高時代を終わらせた人物として日本の「Mr.Yen」として歴史的にも残りそうな気配です。

Q：今となっては、1995年の7月と8月に行われた大々的な協調介入も歴史に残りそうな気配となっていますが……。

A：確かにそうです。第一次協調介入が行われたのが1995年7月7日、これは「七夕」であるとともに、平成7年7月7日＝スリーセブン、そして第二次協調介入が1995年8月15日、これは日本の終戦50周年記念に当たります。ここまで記憶に残るように世界の中央銀行を動かしたのは彼しかないと、市場では氏の評価は高いのです。

Q：これだけ揃えられれば、確かに記憶に残りますね。

A：本人や周囲の者は否定するのですが、そのような根回しができるのは、ネイティブな英語を駆使できる氏しかないと市場は確信しているのです。特にアメリカ側のMr.Yenサマーズ財務副長官とは同じ大学で学んだという経緯があり、益々その信憑性が高まっていったわけです。

Q：円はその2回にわたる協調介入から本格的に反転して、円安のトレンドになっていったのですね。

A：その通りです。１９９７年2月には１２０円に達しましたから、約2年半で円は50％の反落となったわけです。この一連の円安の流れを１９８５年9月のプラザ合意から始まった円高の流れの逆ということで、市場では「プラザリバーサル（逆プラザ）」と呼んでいます。

Q：それからは榊原国際金融局長の発言が世界的に注目されるようになったわけですね。

A：その通りです。それ以後は氏の発言が注目されるようになりました。とにかく口先介入をするのであれば、氏のような国際派でそれなりの〝実績〟がなければ効果がないという証左です。

Q：榊原国際金融局長は、ヘッジファンドの雄、世界の相場師ジョージ・ソロスとも親交があると言われていますが。

A：どうやら真実のようです。その証拠に、ジョージ・ソロスを公式に迎えて、１９９６年１月16日に〝グローバル投資セミナー〟が開催されましたが、氏もパネラーとして出席、世界的にも注目されました。

Q：財務省の高官が、いかに世界的に注目されたセミナーとは言え、私的機関（主催：野村証券）の開催するセミナーに出席しても問題はないのでしょうか。

A：確かに問題がなかったわけではありません。しかし当時は大きな時代の転換期にあり、「ヘッジファンドであれ何であれ、参考にすべきは積極的に学んでいこう」とするスタンスを容認せざるを得ない状況にあったと言えます。

コラム⑤――国家資本主義の台頭

21世紀に入って、中東や中国、ロシアなどの新興国の政府系ファンド（SWF＝ソブリン・ウェルス・ファンド）が急拡大している。石油収入や貿易黒字の伸びを背景に設立する動きが広まり、運用資産は3兆ドル超（300兆円超）となっている模様である。

2010年には10兆ドル規模になると予想される政府系ファンドは、国家の意思を投資に映す動きとして、安全保障の面からも警戒する動きが強まっている。最近の金融界では、新興国が政府系ファンドを使い、戦略的な投資を進める現状を「国家資本主義」と名付け、米国を中心にしたグローバル資本主義と相対する勢力と位置付けている。

政府系ファンドは、原油相場に左右される収入を安定させるため、サウジアラビアやクウェートが1950年代に設立したのが先駆けとなった。そうした新興国が、輸出で稼いだ黒字や石油収入を米欧国債運用で還流し、結果的に米欧の経常赤字を埋めている間は格段問題視されなかった。

ところが、２００３年以降の原油高と、グローバル化に伴う経済成長によって新興国が保有する資産が増大し、高い利回りを求めようと画策する流れが本格化するにつれ、次第にその存在が大きくなっていった。

世界各国の金融機関は、そうした新興国が保有する資産を「払い戻しや返済に備える必要がない」と捉え、ファンド設立に向け激しい争奪戦を繰り広げている。それが政府系ファンドのスパイラルな拡大の要因となっている。

また、こうした一連の新興国が利回り重視のみならず、自国産業の成長に役立つ投資に重点を置き始めているのも大きな問題となっている。債券中心の安定運用から、株式組み入れ比率の上昇となり、結果的に通信や航空等の国家の重要分野への積極投資の流れへとつながり、「長期的な国造りのために、戦略投資を通じて米欧産業の技術や販売に取込む」流れにつながり始めている。

２００７年10月にワシントンで開催された７ヵ国財務相・中央銀行総裁会議（Ｇ７）では、会議後にポールソン米財務長官が、Ｇ７と中国・ロシア・サウジアラビアなど政府系ファンドを持つ国の代表を招いた夕食会で、政府系ファンドの情報開示の強化を求めた。米国の「自国の戦略企業が外国政府に乗っ取られる」ことに対する危惧からだった。

資本市場という原則自由な舞台をベースに、国家の投資戦略を映す政府系ファンドの拡大は、自国企業と一体となって経済と外交をも動かす「(新興国の) 国家資本主義」の台頭をもたらしている。かくして20世紀の最終勝者となった資本主義も、「国家資本主義」vs「グローバル資本主義」の二分化を明確にし始めている。

第6章　今後の円の動向

日本の円はどうして強くなってきたか

基本的な概念の中で、一般的に大きな間違いをしている部分があります。「円高」「円安」という概念がそれです。

ここでもう一度確認しておきますと、「円高」とは「円が買われること」であり、「円安」とは「円が売られること」なのです。

従って円高になるためには「円が買われる理由がある」ということであり、円安になるためには逆に「円が売られる理由がある」ということなのです。この根本の理屈を理解していないと、とんでもない時に円高と言ってみたり、円安であると言ってみたりします。

1995年4月19日、円は史上最高値の79・75円を付けるに至ります。

この当時は円の「50円説」「60円説」を主張して止まない方々が多々いらっしゃいましたが、当時の日本経済は円高不況で息も絶え絶えで、世界の先進国も心配するような状況でした。

その状況の中で「円が買われる理由はなかった」わけで、「それ以上円高が進行するのは異常な状況」であったわけです。

ポイント

アメリカは対日貿易黒字を減らすべく、〝制裁〟の意味合いの強烈な円高路線を採るに至る。この制裁は効果抜群、日本は不況のドン底に落とされてしまうことになる。このような「円を買う理由がない状況での円高」は、時間の経過と共に終焉を迎えることになる。

Q&A

Q：360円から始まった円は約20年で80円になってしまいました。これは一体何を意味するのでしょうか。

A：一義的には日本経済が強くなったとは言えますが、100円から先の円高は、明らかに行き過ぎと言えます。なぜなら普通に考えても1ドル＝100円という大きなシンプルラインを超えたのですが、相場の終焉には必ずいわゆるフライングがあるのです。それを相場の世界では「Selling Climax」「Buying Climax」と呼んでいます。

1995年4月の超円高はまさにその「Selling Climax」であったと思われます。それは後になって歴史が証明してくれることになりそうです。

Q：2008年12月の80円台はどう捉えたらいいのですか。

A：米国発のサブプライム問題が深刻化し、世界的にドル売り先行となった結果、2008年12月には87円台に到達しています。その後、2009年4月には100円に回帰しています。変動相場制以降35年超の日本円の歴史は、結局は「円高の歴史」でした。米国経済と共に生きてきた結果、米国経済の上下動に沿って動いてきたことになります。

Q：すべてアメリカのせいなのですか。

A：前にも申したかもしれませんが、日本のやり方にも問題があったのです。「海外にモノを売っても、海外からモノは買わない」やり方で成長すれば、当然〝ひずみ〟が生まれます。
つまり日本の世界一の貿易黒字は、経済原則から言ってもどこかで必ず調整される運命であったことになります。特に対日赤字が多かった米国は、そのギャップをどこかで埋めようと画策しました。それが半強制的な円高という〝制裁〟であったわけです。

Q：確かに日本は市場の開放には積極的ではありませんでした。

A：とにかく世界経済は〝UNFAIR（不公平）〟を嫌うのです。市場を開放しないで国内産業を保護し、海外にモノを売って太っていった日本を世界が許さなかったのです。その結果が1990年以降の「円が買われる理由のない円高」であったわけです。

Q：混乱した場合は、冷静になって原則に帰って考えるべきだということですね。

A：その通りです。与えられた環境を冷静に判断し、円を買える状況かどうかを判断すれば、円の動向は見えてきます。2008年後半からのサブプライム問題に端を発した円高の流れも、〝一時的な逃避〟と捉えれば納得がいきます。

プラザ合意の意味

1985年9月22日、当時の先進5ヵ国の蔵相がニューヨークのプラザホテルに集結して、「ドル売りの協調介入」をすることに同意します。これが金融の歴史の中で言われる「プラザ合意」なのですが、このプラザ合意は世界の金融の歴史の中で大きな意味を持つことになります。

1980年代前半、アメリカは対ソ連との東西冷戦の中で、当時のレーガン大統領は「強いアメリカ、強いドル」を標榜し、極端なドル高路線を引きます。また一方米国国内では「レーガノミックス」と呼ばれる減税政策を推進した結果、アメリカの貿易赤字が増大していったのです。

その貿易赤字は日本を中心とした先進国がアメリカ国債を買うことによって、言葉を代えれば「米国が先進国から借金をして」補ってきました。従ってプラザ合意で同意されたドル売りの協調介入とは、ドルの価値を引き下げることによって事実上の「米国の借金を棒引きする」ということでした。

ポイント

金融の歴史上大きなポイントとなったプラザ合意の意味を確実に掴んでおく必要がある。このプラザ合意以降、日本経済もバブル経済を経験するに至るなど、極端な道を歩み始めるのである。

Q&A

Q：プラザ合意は〝アメリカの借金の棒引き〟を合意したと考えるのは少し強引過ぎるように思うのですが。

A：少しも強引ではありません。アメリカは東西冷戦の真っ只中で、自由主義対共産主義の厳しい対立の中で、自由主義の旗頭として、軍事力や後進国援助などでとにかくカネがかかったのは事実です。そして国内では「レーガノミックス」と呼ばれる経済路線を敷き、消費を拡大していきました。その流れを徹底的に利用したのは日本であったわけです。
自動車・弱電を始め、ここを先途の売り込み作戦を展開したわけです。こうしてアメリカの対日赤字は拡大していったわけで、プラザ合意の本音は、実は日本が最大のターゲットになったのだと思われます。

Q：つまり、実質上はアメリカが日本に対して資金援助を要請したということですか。

A：その通りです。日本は対米貿易で得たドルでアメリカの国債を買い続けたのです。何のことはない「モノを作ってアメリカに売りつけ、その結果得たドルをアメリカに貸していた」ということです。そして借りた米国はその借金を〝合法的〟に棒引きしようとしたのです。貸す方の日本サイドで考えてみれば、240円時点でドルを貸して、返してもらう時点で120円になったとすれば、日本は半額しか返してもらえないという理屈です。

Q：要するに日本は、アメリカの一方的なそして理不尽な要求を飲んでしまったのですね。

A：プラザ合意における最大の焦点は、日本が「YES」というか「NO」というかにかかっていたのです。でなければ、確かに自由主義の旗頭としての米国をサポートする必要はあったにしても、アメリカのこのような理不尽な要求に他の先進国がそう簡単に合意するはずはなかったのです。

Q：日本は承知せざるを得なかったのですね。

A：確かにそうです。戦後の日本の復興はアメリカに負うことが多かったし、日米安全保障条約で安全を保証されていました。一方で、日本の国内産業の保護・育成のためには、日本の市場を全面的に開放するわけにはいかなかったのです。結果「モノは売るがモノは買わない」作戦を継続するしかなかったのです。そして当時の日本の金融当局者に、そこから先10年の円高は予想できるはずがなかったのです。要するに〝高を括った〟のです。多少の円高なら仕様がないと……。

Q：結局今になって考えれば、日本はアメリカに使い切られてしまったということですか。

A：確かにそう言えるかもしれません。一時「NOと言える日本」を目標にすべきだとの論調が日本に蔓延しましたが、ここまできてしまえば、もう遅過ぎるかもしれませんね。

サブプライム問題と円

２００８年の金融危機は米住宅市場のバブルの崩壊が起因しています。

その中心にあったのが「サブプライムローン」と呼ばれる信用力の低い個人向け住宅融資。信用力が高い個人向けに優遇金利を適用する「プライムローン」よりも信用力が低いという意味で、審査基準が甘い代わりに、金利水準は高かった。当初は金利が極めて低く、2~3年後に市場実勢に合わせて金利が上昇するなど、分かり難い仕組みになっている場合が多かった。

サブプライムローンは１９８０年代に登場したとされますが、急増したのは２０００年以降。

ＩＴバブル崩壊で企業の借り入れ意欲が大幅に後退、金融機関が新たな収入源として住宅ローンに注力していきました。

証券化技術が広がったことも要因となりました。住宅ローン会社は融資手数料を稼いだ後、ローン債権をすぐに他の投資家などに転売できるようになりました。このため借り手の返済能力を顧みない風潮が一段と強まっていきました。

転売された住宅ローン債権を集めた上で小口化した証券化商品には、高利回りのものも多く、低金利による運用難の中、世界中の金融機関が購入していきました。こうした条件が揃ったところでサブプライムローンは1兆3000億ドルと、米住宅ローンの一割強を占めるまでになります。

しかし住宅バブルが膨らみ、04年からFRBが金融引き締め転換した結果、06年夏頃から米住宅価格は下げに転じ、サブプライムローンの焦げ付きが拡大していきました。

住宅ローン会社が相次いで経営破綻し、同ローンを組み込んだ証券化商品の価格の下落により、大手金融機関も大きな打撃を被るようになっていったのです。

ポイント

サブプライム問題が表面化するに従って浮かび上がったのがデリバティブ（金融派生商品）取引の不透明さだった。特に注目されているのがクレジット・デフォルト・スワップ（ＣＤＳ）。企業の倒産リスクをやりとりする一種の保険契約である。ＣＤＳの想定元本は07年末で約60兆ドルと推定されている。

Q&A

Q：今回のサブプライム問題は根が深いと言われていますが……。

A：1980年代から時代の尖兵であった金融工学（ファイナンシャル・エンジニアリング）の欠点が明らかになったからです。最大の欠点は、自分の考え方を有利に（＝便利）にするために〝不変なもの（所与のもの）〟を乱発する点にあります。その不変であるべきものが不変でなくなった時、論理自体が呆気なく崩壊していった……。

Q：今回のサブプライム問題に対して個人はどうしたらいいのですか。

A：世界的な低金利および株安の流れが続きます。そのような環境下で、個人も「どこかでリスクを取っていかねばならない」ということです。サブプライム問題で明らかになったように、「安全で高利回りのものはない」ということをまず自覚すべきなのです。

Q：具体的にはどうしたらいいのですか。

A：まず「何を信用するか」を決めていかねばならないと思います。以降の金融の世界ではレバレッジ（てこ）効果を利用せざるを得ません。レバレッジ効果とは簡単に言えば「1億円のものが20億円の威力を持つ」ということですから、運用する資金が大きくなればなるほど損失リスクも大きいということになります。

Q：それで規模のあまり大きくない「個人の運用の時代」ということなのですね。

A：その通りなのです。ジョージ・ソロス率いるカンタムファンドに代表される、1980年代前半に創設された巨大ファンドが、21世紀に入って押し並べて不振と伝えられていますが、それは個人の運用とは言っても規模が大きくなり過ぎて、もはや既存の組織運用の形態を取らざるを得なくなってきていることが原因であると思われます。

Q：日本でもそのような小型のヘッジファンドの時代になるのでしょうか。

A：これからの金融界は益々複雑になってくると思われますので、金融知識のない人が相場をする時代ではないということです。個人のプロに運用を任す時代、つまりサブプライム問題を経て、日本にも本格的なヘッジファンドの時代が来ると思われます。

Q：そのような状況の中で、円はどうなるのでしょうか。

A：IT時代の進捗、そしてグローバルな時代、ボーダレスの時代が進捗し、「円資産を持つだけでは利益は出ない」ことがハッキリしている以上、テーマは「円の逃避のタイミング」つまりは「円売り」が中心となると思われます。

但し、その相手は米ドルになるかユーロになるか、はたまた豪ドルかといった選択は適宜選択していかねばならないようです。

三極経済（アメリカ・欧州連合・中国）と円

サブプライム問題が表面化している現在、今後の世界経済がどうなるかについてしきりに論議されています。

21世紀に入って共産主義は後退が目立ち、表面的には共産主義をとる中国も、実質的には自由主義経済に向かって走り出しています。こうして自由主義経済が21世紀も主流になることは明白な状況となってきました。

それでは、21世紀の世界経済で中心になるのはどこなのでしょうか。そして日本はどうなるのでしょうか。

残念ながら現在の日本の状況は、21世紀という金融新時代を迎え、「市場は自由に開かれなければならない」という大前提の中で、行き先が見えない状況となっています。

このような状況の中では、先進7ヵ国の中においては勿論、世界経済からも完全に〝おいてきぼり〟にされてしまう気配が濃厚です。

結局世界の大局からはずれ、マーケット・ニッチ（市場のすき間）にしか生きられない日本の円は、世界経済から頓着されない日が近いのかもしれません。

ポイント

サブプライム問題をきっかけに、世界経済が迷路に入っている。通貨選択に関してもそれぞれに欠点を抱えており、20世紀後半の米ドルのような絶対的なものはない状態である。つまりは消去法の世界になっているが、冷静沈着に現状を直視すべき局面である。

Q&A

Q：21世紀は中国の時代と言われていますが……。

A：世界一の人口を誇り、世界で唯一開拓されていない大市場であることは間違いないからです。もはや開拓し尽くされた感のある既存の自由主義国にはない魅力に溢れているのは確かと言えます。

Q：米国が対中貿易を進めていった場合でも、ベースになる通貨はドルになるしかないように思われますが。

A：当初は当然そうなるでしょう。しかし中国経済が次第に巨大化していくに従って、大きな変化が生まれてくる可能性があります。

Q：その変化とは何ですか。

A：金（GOLD）をベースとした世界経済ということです。元々中国は「金志向型」国家と言われてきました。つまり中国5000年の歴史の中で数々の覇権闘争が行われてきました。

そして中国の覇権を勝ち取った権力者はそれぞれ流通する通貨を発行しました。しかし中国の一般国民はその通貨を信じるはずはなかったのです。何時その時々の権力者が交替するかわからなかったから当然と言えます。その中で生まれてきたのが「価値の変わらない金を尊ぶ気風」だったのです。

Q：そのような中国の国民気質は、21世紀になっても影響するのでしょうか。

A：多分大きく影響してくるでしょう。現在の中国は米国に対して迎合的ですが、中国が巨大化することによって、将来的に米国と中国が対立する危険性は多分にあります。

もし最悪の場面を迎え、米国が中国に経済封鎖をした場合、ドルベースの経済を続けていたとすれば、中国は圧倒的に不利となります。賢明な中国が〝その時〟を想定していないはずはありません。

Q：そうすると21世紀は金を大量に保有している国が主導権を握るということですか。

A：中国が本格的に世界経済という大舞台に進出してくるということを前提にするのであれば、その可能性は高いと言えます。現に米国では、金本位制復活構想が練られているようです。とにかく現在、表面的に世界最大の金保有国は米国となっていますから、米国は最後まで主導権を握りたいはずです。

Q：欧州ではどう考えているのでしょうか。

Ａ：やはりアジアの大国、中国は脅威の的になっているのは間違いありません。あまり目立ちませんが、ナチスの隠し金がどうしたこうしたなどと、金にまつわる噂話が溢れています。この金という点に関しては、先進国の中で一番保有量が少ない日本など、「いざ金本位制復活」ともなれば「本格的な円安の時代」の到来ということになるでしょうね。

21世紀の円の動向

日本が変動相場制に移行した1973年から今までの流れを考えてみて、もう一度冷静になって現状の日本経済を考えて戴きたいのです。

世界各国の経済を比較した場合、その中であなたは円を積極的に選べますか。「円を積極的に保有する」意味が全く見当たらないはずです。

結論から先に言ってしまえば「円は積極的に買う通貨ではない」ということになります。

日本の金融機関は未だに整理統合の流れにあります。〝護送船団方式〟という世界に例を見ない金融メカニズムは、バブル時代を経て、自由金利の時代を迎え、そのメカニズムが根幹から崩壊しようとしています。

バブル時代の戦略である「史上最低の短期金利と長期金利のサヤ」で日本経済を救出しようとする日本の金融当局の作戦も限界があります。もはや「潰れるものは潰す」しか手がないのです。そうしないと日本の国自体が崩壊しかねません。

ポイント

ギャン理論をベースにテクニカル的に言えば、1985年のプラザ合意時点で240円だった円が、10年経った1995年には80円（79・75円）になった。それから10年後の西暦2005年には〝半値戻し〟の160円。ごく妥当のシナリオだが、基軸通貨が米ドルからユーロにシフトし始めた結果、円はユーロに対して160円超えという展開となっている。

Q&A

Q：もう1995年のような80円を割り込む円高の時代はないのでしょうか。

A：2008年12月になって円は87円台に到達しましたが、これはサブプライム問題が原因となっています。通常では、可能性は限りなくゼロに近い展開でした。1995年の異常な円高は、米国の日本に対する制裁が原因であったわけですが、以降は制裁を課す必要のない国に対して関心を持つほどアメリカは暇ではないということです。

Q：これからの米国にどう対処していけばいいのでしょうか。

A：我々は「月に行く技術」と「無尽蔵に利益を生み出す（ように見えた）金融工学」を同じ目線で見ていました。そして、（完璧無比に見えた）金融工学をベースに、「規制はすべからく緩和するのが正しい」とする米国流考え方を是としてきました。

また我々は「グローバル（地球的規模の）」という言い方は、「米国型を踏襲する」ことと思い込んできました。そこには「米国も失敗するかもしれない」という懸念が微塵もないまま、（利益を最優先する）米国型に追随することで、日本社会独特の美風だった習慣・手法を徐々に消し去っていきました。

そして「（米国に次ぐ）世界第二の経済大国」という〝称号〟を与えられたことで、日本全体が錯覚に陥りました。元々その称号は、世界をリードする（かに見えた）米国に（無条件に）追随することで与えられた称号だったのです。

日本で造ったモノはすべからく米国に輸出し、代金はドルで支払われ、その支払われたドル（余裕資金）はその大半が米国債という米国の借金にあてがわれました。要は米国の第一の子分であったが故の（偽の）称号であったのです。

要は、経済力が落ちれば世界は日本に目を向けなくなるということを考えずに来たのです。米国型手法に大きな欠点があると解った現在、「本来の日本的文化に立脚した考え方」を世界に発信すべき時期だと思います。

Q：日本の銀行はどうなるのですか。

A：1993年頃から金融機関が実質的に倒産し始めました。表面的には統合や吸収合併の形態を取りましたが、日本は三大メガバンク時代になり、一時の嵐がようやく収まりつつあります。ただ地銀・第二地銀・信金・信組の再構築は済んでおらず、ここ5年はバタバタすると思われます。とにかく日本には銀行が多過ぎました。いずれにしろ銀行の自然淘汰の時代が続くと言えそうです。

Q：結局円はプラザ合意時点の240円に回帰する可能性はあるのでしょうか。

A：基軸通貨が米ドルかユーロになるかは別にして、多少のタイムラグがあっても1985年＝240円、1990年＝160円、1995年＝80円という三段階の流れが逆流する可能性は消えていません。

コラム⑥——ユーロ異変

世界を駆け巡る投機マネーの猛烈な反転が、ついに急速な円高・株安となって日本の市場を襲った。２００８年10月24日の市場では、対ユーロで半日の間に14円あまりも円高に振れた。また、パニック的な売りが続いた日経平均も10月28日、７０００円を割り込んだ。

どちらも常軌を逸する急激な動きである。

ハンガリーやアルゼンチンなど、高金利でリスクも高い中堅・中小国に集まっていた投機資金が一斉に逃避し出した。世界の投機マネーは「消去法」として、低金利だが金融システムが〝比較的〟安定している円買いに猛然と走った。

麻生内閣が検討中の緊急対策は、株安の是正を中心に練られたが、こうした地滑り的な国際資金の動きには無頓着に見えた。その場しのぎで株安に対抗しても効果がないどころか、市場に足元を見透かされ、蹂躙される。世界の投機マネーはスキを見せればたちどころになだれ込んでくる。

それにしても10月24日の為替市場はまさに修羅場だった。円の1日の上げ幅は対ドルで7円、対ユーロで14円、対ポンドで20円。これを称して〝異常事態〟と言わないで、何というのだろうか。

特にユーロ安の流れは異常だった。「1ユーロ＝1・3000ドル、1ユーロ＝130円」という水準を超えると自動的にユーロ売りとなる注文が大量に入っていたからだとされているが、当日のユーロは〝値が飛んだ〟状態になった。ユーロが1ユーロ＝169・97円という高値をつけた7月下旬から3ヵ月で、113円前半まですっ飛んだ。33％の急落である。

円はいつのまにか最強通貨になった。米国発の金融危機が欧州や新興国に飛び火し、これまで高成長・高金利を目当てに流入していた投機資金が一斉に流出、その資金が〝比較的〟安定している円に〝一時的に避難した〟のである。

複数の通貨に対する円の総合的な価値を示す実効為替レート（日経通貨インデックス、2005年＝100）は24日時点で113。10月月初からは15％の上昇で、8年振りの円高水準となった。

急激な円高の背景には、昨年半ばまでの長期にわたる円安局面の反動という面もある。低金利の円を借りて高金利通貨で運用する「円キャリー取引」が活発になって膨らんだ円安バブルがはじけ、米金融危機を経て、大きな巻き戻しが起きたのである。

問題なのは「今後はどうするか」である。市場のパニックが収まるには〝日柄＝時間の経過〟が必要である。まず「一方的に円が買われているという〝異常現象〟」を冷静に眺めることから始めねばなるまい。市場全体が〝逃げ〟の状態になっているが、果たして日本経済は本当に安泰なのか。以降10年の正念場に差し掛かっている。冷静沈着に対処すべき時期である。

青柳孝直（あおやぎ　たかなお）

国際金融アナリスト。

富山県生まれ。

早稲田大学法学部卒業。


邦銀・外資系金融機関の現場担当者として東京金融市場を始め、ニューヨーク、ロンドン市場等の世界最前線で活躍。金融市場経験は四分の一世紀を超える。

日本におけるギャン理論研究の第一人者でもある。

１９９７年１月、金融コンサルティング・相場分析・翻訳・執筆・講演活動を主たる業務内容とした株式会社 青柳孝直事務所設立。

オフショア関連を含む投資全般にわたるアドバイスや、相場分析を中心としたウィークリー・レポートの「びー・だぶりゅー・れぽーと」は日本はもちろん、世界各地の投資家からも好評を得ている。また世界のヘッジファンドの動向についての分析・調査にも定評がある。

また、「ウォール・ストリート・ジャーナル」「バロンズ」などの世界有数の経済誌を発刊し、ダウ工業30種平均（NY ダウ）でも有名なダウ・ジョーンズ経済通信のDaily 日本語版翻訳、また世界有数の格付け機関、スタンダード・プアーズのDaily 日本語版翻訳を担当、監修も行う。

著書は『日本国倒産』『日本国倒産第二幕』『「預金防衛」大作戦』『日本国倒産への１３階段』『第二のビッグバン「郵政民営化」の衝撃』『新版ギャン理論』『2009年世界バブル大崩壊』『世界を恐怖に陥れる中国大崩壊の衝撃』など多数。
翻訳書は『JAPAN 繁栄への回帰』『インターネット犯罪者』
『世界一わかりやすい金持ちになる法』
『世界一わかりやすいプロのように投資する講座』
著書の最新刊としては『ジョージ・ソロス不滅の警句』
翻訳書の最新刊としては『新版ソロスの錬金術』
（著書、翻訳書ともすべて総合法令出版刊）

連絡先：株式会社 青柳孝直事務所
〒107-0052　東京都港区赤坂 2-10-7-603
TEL03-5573-4858　FAX03-5573-4857

本書は『為替・円安・円高のしくみがわかる本』（１９９７年、総合法令出版）を大幅に加筆修正したものです。

為替のしくみが基礎からわかる本

2009年6月5日　初版発行

著　者　**青柳孝直**
発行者　**野村直克**
発行所　**総合法令出版株式会社**
〒107－0052　東京都港区赤坂1－9－15
日本自転車会館2号館7階
電話　03－3584－9821㈹
振替　00140－0－69059
印刷・製本　**中央精版印刷株式会社**

ISBN978－4－86280－151－7

落丁・乱丁本はお取替えいたします。
総合法令出版ホームページ　http://www.horei.com